조국순례대행진 50주년, 순례 이야기

유네스코학생회(KUSA) 총동문회

끝과시작

발간사

함께 걸은
50년의 소중한 기록들

"희망찬 조국의 내일을 향하는 젊은 대학인의 행진"을 취지로 1974년 8월에 처음 시작된 조국순례대행진이 어느덧 50년이 흘렀습니다.

이 젊음의 행진은 대학사회에 신선한 충격을 선사했고 그 후 많은 국내 단체들이 주관한 유사한 형태의 국토순례 프로그램의 원형이 된 것은 물론, 새로운 청년활동 및 청년문화에 대한 국민적 관심을 이끌어 내는 데 큰 역할을 했습니다.

특히 순례에 참가한 쿠사인들은 조국순례대행진을 통해 전국에서 온 참가자들과 뜨거운 우정을 나누었고 마지막 날인 합류식에는 순례 참가자들뿐 아니라 후발대로 참석한 모든 쿠사인들이 함께 모여 합류 축제를 벌이며 하나된 젊음의 정열과 이상을 불태움으로써 영원히 잊혀지지 않을 소중한 기억을 간직하였습니다.

조국순례대행진 50주년을 맞이하여, 우리 쿠사인이 함께 걸어온 조국순례길 50년을 기록하고 순례의 가치와 의미를 함께 나눌 수 있는 순례 이야기를 발간하게 되었습니다.

이번에 발간하는 순례 이야기는 순례 참가자들의 소중한 추억들과 함께 앞으로 희망찬 조국의 미래를 짊어지고 나갈 청년들과 기성세대의 역할은 어떤 것이 있는지에 대해서도 진단·평가하고 미래에 직면

할 도전 요인 및 전환 방향에 대해 쿠사인들의 소중한 목소리들을 담고 있습니다.

　함께 걸은 50년의 소중한 기록들은 영원히 이어져야 할 젊음의 행진의 미래로 나아가는 버팀목이 될 수 있도록 새로운 이정표를 제시하고자 합니다.

　조국순례대행진 50년, 순례 이야기에 자료 제공해 주신 유네스코한국위원회, 유네스코학생회, 지회동문회를 비롯 동문 여러분 그리고 집필진과 발간을 위해서 수고하신 최윤정 부회장님 비롯 모든 분들께 깊은 감사를 드립니다.

　감사합니다.

유네스코학생회(KUSA) 총동문회장
김성식

축사

조국순례대행진 50주년을
축하하며

　조국순례대행진 50주년과 순례 이야기 출간을 진심으로 축하드립니다.
　유네스코학생회(KUSA) 총동문회, KUSA 학생협회를 비롯하여 조국순례대행진이 진행되고 기억될 수 있도록 도움을 주신 모든 분들께 감사드립니다.
　유네스코한국위원회는 1954년 창립부터 '유네스코 학생건설대'를 시작했을 정도로 청년 사업을 중요하게 추진해 왔습니다. 1970년대 들어 시작한 대표적인 청년사업이 전국 대학생들이 참여해 국토를 순례하는 '조국순례대행진' 사업이었고, 이는 1965년에 출범하여 유네스코의 이상과 목표 및 원칙에 부합하는 대학생 클럽으로 잘 알려진 유네스코학생회(KUSA)의 대표적인 사업이 되기도 했습니다.
　1974년 8월 제1회 조국순례대행진을 시작으로 대학생들이 전국 방방곡곡을 누빈 이 행진은 대학사회에 신선한 반향을 일으켰고, 시간이 지날수록 지역 주민들의 환영과 격려를 받는 행사로 발전했습니다. 조국순례대행진이 이후 많은 국내 단체들이 국토순례프로그램을 만들게 되는 계기가 되었다는 점에서 그 영향력을 짐작할 수 있습니다.
　조국순례대행진은 단순히 걷기만 하는 행사가 아니었습니다. 유네스코한국위원회와 유네스코학생회가 공동 작성한 취지문에 있듯이 조국순례대행진은 "희망찬 조국의 내일을 향하는 젊은 대학인의 행진일 뿐만 아니라 영원히 이어져야 할 겨레의 힘찬 행진"이었으며, 전국의 대한민국의 청년들이 민족의 얼을 가꾸는 시간이었습니다.

조국순례대행진의 마지막 날에는 순례 참가자들뿐 아니라 일반회원, 선배, 지도교수 등이 함께 모여 합류축제가 열리기도 했고, 2008년에는 조국순례대행진 35회째를 맞아 30여 년 전 참가했던 선배들이 대학생들과 함께 도보 행진을 거쳐 경기도 이천의 유네스코평화센터(1977년 젊음의 집이라는 이름으로 처음 개관한 전. 유네스코청년원)에서 만나는 합류식을 갖기도 했습니다. 이렇게 조국순례대행진은 청년뿐만 아니라 젊음의 열정과 이상을 통해 모두가 하나가 되는 기회의 장이었습니다.

1954년 창설된 유네스코한국위원회는 올해 70주년을 맞이하였습니다. 창설 초기부터 청년 정책을 지속적으로 한국사회에 소개하고 청년의 평화적인 실천 활동을 이끈 바 있습니다. 최근에는 유엔과 유네스코 등 국제사회는 청년을 수동적 수혜자가 아니라 사회의 변혁을 견인할 체인지 메이커(change-maker)로서의 청년의 역할을 강조하고 있습니다. 지난 50년 전의 조국순례대행진이 청년의 적극적인 사회운동을 이끌었던 것처럼, 우리 위원회는 2023년에 '유네스코 토크'를 통해 소위 '유네스코스럽게' 청년 담론의 자리를 마련하는 등 새로운 청년 사업을 구상하고 있습니다.

앞으로도 우리 위원회는 유네스코 국내외 활동에 있어 적극적인 역할과 소통의 주역이 될 수 있도록 청년의 목소리에 귀 기울이고 직접적인 참여를 통해 한국사회 뿐만 아니라 국제사회에서도 주체적인 역할을 담당할 수 있도록 정책과 사업을 마련하고자 합니다. 이러한 변화에

KUSA 동문들의 적극적인 관심과 지원을 바라며, 현재와 미래 세대의 주인공인 청년들을 이끌어 주시는 데도 큰 힘을 보내 주시길 바랍니다. 50년 전 시작된 조국순례대행진을 통해 경험한 것처럼, 유네스코한국위원회도 청년들이 더 나은 미래에 대한 희망과 꿈을 가질 수 있도록 힘이 되겠습니다.

　조국순례대행진 50주년 기념 순례 이야기 출간을 위해 애써 주신 KUSA 총동문회 관계자 모든 분들께 감사드리며, 조국순례대행진 50주년을 거듭 축하드립니다.

유네스코한국위원회 사무총장
한경구

격려사

새물결운동
100년을 향하여

팔월의 작열한 태양의 불볕더위가 국토 순례길을 달굽니다. 쿠사의 젊은 대학생들은 "새물결운동 백년을 향하여!"라는 깃발을 들고 조국의 산야를 순례합니다. 매년 팔월이 오면 쿠사 대학생 젊은이들은 순례병으로 가슴이 설레입니다.

전국 67개 대학 오천여 명의 쿠사 젊은 대학생들은 백두, 한맥, 청풍, 청학, 월악산, 탐라 도정 등 각기 도정기를 앞세우고 이천 유네스코청년원을 향하여 발이 붓고 발바닥이 터지고 발목이 시리도록 그 뜨거운 햇볕과 장마, 폭우를 이기고 조국의 산야를 10박 11일 동안 합류식을 위하여 청년원으로 구름처럼 모여 들었습니다.

합류 하루 전날 도착한 전국 쿠사 젊은 대학생들은 강원대학교 풍물패. 사물놀이 농악대 날라리 피리소리, 상쇄 꽹과리 소리에 상모를 좌우로 흔들며 장구, 징소리 등 요란한 순례 길놀이가 유네스코청년원 지축을 흔들었습니다.

햇빛에 누렇게 그을린 쿠사 젊은 대학생 순례자들은 조국을 사랑하는 정열이 충만한 기쁨과 함성으로 "쿠사송" 젊음아를~ 힘차게 부르며 청년원 운동장에서 씩씩하게 각 도정의 합류를 합니다. 지금도 감격스런 그 장면이 눈에 선합니다.

벌써 순례를 시작한 지 50년, 반세기가 지났습니다. 10년이면 강산도 변한다는데 한국유네스코위원회도 한국유네스코학생협의회도 그 동안 정치적 경제적 사회적 급변하는 시대의 변화에 동력을 잃고, 그 정통성과 조국을 사랑하는 열정을 가진 쿠사 총학생동문회 회원들의 노력으로 아직 그 명맥을 이어 오고 있습니다.

저는 81년 동덕여자대학 지도교수로 자의 반 타의 반으로 동덕여자대학교 쿠사 지도교수로 인연을 시작하였습니다.

당시는 제5공화국 때라 대학생 교외 활동에는 지도교수가 반드시 참석하지 않으면 불허하기 때문에 쿠사 전국 지도교수 협의회가 결성되어 67개 대학 지도교수가 순례 각 도정에 분산 배정되어 순례대행진 10회 때 진주 남강에서 이천 청년원까지 천 리 길을 10박 11일 동안 순례길에 참여했습니다.

인솔자는 유수창 지도 선배였고 진주남강에서 이천 청년원까지 천 리 길을 발이 부어 원숭이걸음으로 겨우 무사히 완주하였습니다.

유네스코한국위원회와 한국유네스코학생협의회에서 근무를 하시면서 새물결운동 헌장을 제정하시고 새물결운동 실천 강령을 제정하셔서 쿠사 젊은 대학생들에게 새로운 인간관계 창조를, 세계의 평화와 인류 복지 구현에 기여하려는 우리 젊은이들의 자발적 자아 개혁운동에 앞장서서 탐구와 대화를 통해 협동하는 기풍을 사회로 넓혀 내는 원동력을 세우시고 쿠사를 평생 사랑하시다 작고하신 유네스코위원회 고 유진 교수님은 세계국제캠프 등으로 활동하시다가 과로에 순직하셨습니다.

고 강대근 청년원 원장님은 정년까지 평생 쿠사의 전통을 세우시고 산화하여 청년원 운동장에 뿌려지셨고, 순례자 안전을 위해 불철주야

걱정하신 고 이관영 간사님의 한결같은 쿠사를 사랑하시는 거룩한 희생정신으로 그 열정이 이어지고 있습니다.

지금도 쿠사 사랑을 성원해 주시는 "쿠사송"을 작사·작곡하신 손춘석 교수님과 3년째 우석원을 쿠사 별장처럼 내어 주시는 손봉락(6-경희) 회장님은 유네스코 영상부에서 역사적 사진을 기록으로 남겨 주셨습니다.

제가 쿠사와의 인연을 맺고 지금까지 맺어 온 것은 끈끈한 정과 의리라고 생각합니다. 87년도 청학도정에서 강원대 인문대 학장 (고)박한설 교수님과 인솔자 국민대 이창희 지도 선배와 인하대 최근석 지도 선배, 현 김성식 총동문회장님이 학생장이였고 우연하게 전진선(17동국) 현 양평군수님이 파출소 소장님으로 경포대 해수욕장에서 출발하는 순례자들의 안전을 위해 맨 앞에서 에스코트 해주셔서 설악산 동대산 넘고 폭우를 맞으며 월정사 지나서 험악한 치악산 넘어 무사히 이천 청년원까지 생사고락을 같이 했습니다

그 후 제가 88년에 미국 노스캐롤라이나 주립대학교에 객원교수로 연구실에 있는데 뉴욕에서 유학 중인 이창희 지도 선배가 방문하겠다는 전화가 와서 너무 반가워 방 한 칸을 깨끗이 청소해 놓고 온종일 기다리고 반갑게 만나자마자 바로 내일 한국으로 가서 조국순례행진에 참석해야 한다고 해서 식사만 하고 보냈던 적이 있는데 '쿠사인들은 의리가 다르구나'라는 생각이 들었습니다. 그 후 43년 동안 쿠사와의 인연은 계속되었습니다.

코로나-19 팬데믹 중에도 지난 총동문회 고영준 전회장님과 회장단 유재길(17-단국), 최근석(18-인하), 이정식(18-동국), 이남식(18-동국), 이숙원(18-원광), 전희순(19-군산), 강명옥(22-공주) 동문회원님

과 재학생들, 원로 선배 김태균(10-단국), 박창석(13-청주) 선배님과 재학생들이 순례 도중 50명 이상 집회 금지령으로 김삿갓 유원지를 지나 안흥까지 순례 후 해산했습니다. 저는 순례 후계자 양성으로 손주 김주환(초등 4년)을 데리고 참가했었습니다.

유네스코학생회 총동문회 김성식 회장님, 이기훈 사무국장님 등 회장단에서는 2022년~2023년 2회 춘계 문화유산탐방과 함께하는 DMZ 덕진산성 평화음악회를 개최하여 쿠사 서주석(15-서울) 동문의 임진강 유역의 역사적 배경에 대한 특별 강연에 이은 평화음악회를 개최하였습니다. 많은 쿠사 동문과 재학생들이 참석하였으며 통제 보호구역 덕진산성까지 (10㎞) 순례를 하였습니다.

하계 조국순례행사는 2022~2024년까지 3년에 걸쳐 조국순례의 일환으로 팔월이면 양평 우석원에서 손봉락(6-경희) 회장님의 따뜻한 배려로 쿠사 총동문회 김청수(2-동국) 선배님, 이은성(8-경희) 유네스코 서울협회장님을 비롯하여 전진선 양평군수님(17-동국)께서 참석하셔서 격려 인사와 많은 지원을 해주셨습니다.

다음 날 지평 6.25 격전지 기념관에서 탐방 순례를 하고 양평 소나기마을을 방문하여 황순원 문학촌에 대한 문학적 작품을 감상하였습니다.

이렇게 조국 순례에 대한 선배님들의 숭고한 애국 애족 정신이 쿠사 동문들이 조국 순례를 통하여 오래도록 계승되기를 기원합니다.

동덕여대 쿠사 지도교수
김운배

축시

벌

임후성 (배우, 시인)

여느 날처럼 네가 집으로 걸어온다
변하지 않는 것에 놀라고 싶은 소망을 품고

세상에, 모든 게 그대로라니!

돌아와 너는 가방 하나를 다시 건다
바로 그 자리에!

너는 언젠가 집을 한 바퀴 돌고 지붕 위에 있다가 내려왔다
천천히 녹는 뭔가가 섞인 얼굴이 지금 그 방으로 들어가 나오지 않았다

돌아와 그 얼굴은 말이 없다
다시 만난 기쁨이 주는 슬픔에 젖는다

네가 그 많은 길을 걸은 것일까?
너를 길에 세워 두고 시간이 걸어간 것은 아닐까?

여행에는 매장의 계획이 있어 왔다
함께 떠난 일부는 돌아오지 않는 것

그림 하나를 떼어 낸 자리 같은 네 등
청소년용 침대 위에 놓인 운석 하나

너는 노란 벌들의 외침에 휩싸여 하나씩 그들의 도시를 옮기는 사람을 보았다
그 일이 일어나는 숲의 침묵 속에서

너는 가방에서 꺼낸 것을 한 모금 한다

네가 빗속에 고개를 내미는 실수로 시간을 웃긴다면 비도 너를 사랑할 수 있겠지

해일의 높이 같은 밤이 오고
너는 한 사람이 누우면 꽉 들어차는 방을 생각해 낸다
그리고 여느 날처럼 순례 중인 사원의 문 하나

어쩌면 너를 제대로 눕히기 위해 열리는
어쩌면 너를 깨우지 않기 위해 닫히는

차례

발간사 함께 걸은 50년의 소중한 기록들 **김성식** 5
축사 조국순례대행진 50주년을 축하하며 **한경구** 7
격려사 새물결운동 100년을 향하여 **김운배** 10
축시 벌 **임후성** 14

조국순례대행진의 잠재적 가능성
    KUSA 조국순례길 **김태수** 19
    유네스코 학생회와 조국순례대행진의 가치와 의미 **윤정배** 28
    KUSA 조국순례대행진의 역사와 재추진 방안 **서주석** 54
    신구차적 리더십 **박권욱** 62

우리의 순례 이야기
    첫 스물 **손태희** 69
    조국순례대행진 제50회 유감 **권오철** 71
    1987년, 그 뜨거웠던 추억 **김현숙** 78
    내 삶의 등대가 되어 준 동아리 활동 **전진선** 81
    저항과 희망의 꽃 조국순례대행진 **이기훈** 84
    그 위대한 시간의 대행진 **김정숙** 88
    내 평생 잊지 못할 일 **고 강대근** 90
    조국순례대행진, 여전히 뜨거운 여름 **한은미** 92

새물결 한마당 백일장
    장원 차상 차하 가작 당선작 97

KUSA, 새물결과 순환
    2022년 유네스코 미래 교육 전환 국회 포럼 **윤정배** 115
    유네스코학생회 창립과 새물결운동 119
    유네스코학생화 창립50주년 회고 **전성민** 128

조국순례대행진, 함께한 50년! 함께할 50년!
    유네스코학생회(KUSA) 총동문회 141

기념축가
    최윤정 (작사), 이한경 (음원), 오형기 (채보) 155

조국순례대행진 연혁 및 자료 사진 161

조국순례대행진의 잠재적 가능성

KUSA
조국 순례길

― 변화와 전통의 융합

김태수 (31기)

1. 제안의 배경

1) MZ세대의 KUSA인들과 공유하는 "합리적 패러다임"의 부재
2) 인공지능 시대에 뒤쳐진 KUSA의 고루(固陋)한 이미지 탈피
3) 미약한 조직의 재건을 위한 자본주의 시대에 걸맞는 사업 부재

1) MZ세대의 KUSA인들과 공유하는 "합리적 패러다임"의 부재

30년 전 선배들에게 들었던 "청년들이여, 그대들에게 조국순례대행진이 꼭 필요한가?"라는 화두는 모바일과 인공지능으로 대표되는 현대의 MZ세대들의 시선을 끌거나, 무언가를 성취하기 위한 동기를 부여하거나 또는 특별함을 갖기 위한 호기심을 유발하지 못한다.

따라서, 우리 KUSA 졸업생들은 MZ세대 후배들에게 "청년들이여, 세상

이 변하고 또 변할수록 그대들에게 꼭 필요한 것이 바로 조국순례대행진이다"라는 당연하고도 합리적인 근거를 그들의 눈높이에서 그들이 주목할 수 있는 방법으로 제시할 수 있어야 한다.

30년 전엔 그저 "걸었다"는 것만으로도 자긍심을 가지고 당당하게 회사 면접이나 다양한 모임에서 인정받을 수 있는 사회적인 분위기가 남아 있었다. 하지만 현재는 봉사를 하든 체험을 하든 간에 공인된 기관의 공식적인 활동 인증 서류가 개인에게 스펙이 되는 세상이 되었고, 우리 KUSA와 유네스코 협회에는 그런 것들이 존재하지 않는다.

2) 인공지능 시대에 뒤쳐진 KUSA의 고루(固陋)한 이미지 탈피

현재 대학가에는 와인이나 유기견과 같은 동아리들이 유행을 타고 있으며, 창업과 정치 그리고 부동산과 같은 현실적인 문제들을 이해하고 도전하려는 동아리들로 신입 회원들이 몰리고 있다. 현재 대학가에는 이런 "새로운" 동아리들만 살아남아 있는가? 아니다!

총학생회와 민중가요 그리고 국궁을 쏘거나 사물패 동아리들도 여전히 활동을 지속하고 있다.

그렇다면 유네스코와 같은 국제적 성격의 동아리들은 이젠 없는가? 아니다!!

국제리더십학생단체(AIESEC)로 불리는 동아리는 젊은이들에게 비즈니스 개발 인턴십을 제공하는 국제적인 "청년 운영" 주도의 비정부 비영리 조직으로, 현재 국내 대학과 사회 조직들이 연계되어 활발한 활동을 진행 중이다.

쿠사의 활동에서 유네스코라는 국제기구가 같은 공신력에 대한 이미지가 약해지고, 유네스코 협회가 학생들 활동에 대해 "인턴십"이나 "국제기구 취업"과 같은 시대적 흐름에 뒤처지면서, 기존에 유네스코 학생회가 가지고 있던 '사회적 역할'과 '개인적 성취'는 다른 유사 기구들에게 넘어갔다.

3) 미약한 조직의 재건을 위한 자본주의 사회에 걸맞는 사업 부재

70년 역사의 전통을 가진, 대학이라는 엘리트 조직원들이 자리하고 있는 범국민적 조직이었던 KUSA의 현재는 초라하다. 소규모의 조직들이 소수 존재하거나, 동문들이나 동기들의 친목 모임들만 존재한다. 이는 시대의 흐름에 걸맞는 조직 사업이 부재하기 때문이라 사료된다.

조직은 목적이 분명해야 하고, 목적 달성을 위한 다양한 사업들이 존재해야 한다. 수십 년 전과 같이 여전히 땡볕에 청년들을 내몰아 놓고 무조건 걸으라고 하는 것은 시대에 맞지 않다. 지금 세상을 살아가는 우리 모두는, 길을 걷더라도 핸드폰으로 유튜브와 가상현실을 연결하는 재미와 새로운 정보를 추구하는 행동 성향을 가지고 있다.

그런데 사찰에서 행하는 수행 과정이 아닌 이상, 막연히 땡볕에 몸을 혹사시키며 걷다가 문득 느껴지는 마치 "해탈"과 같은 성취감을 느끼라고 하는 고집으로는 쿠사인뿐만 아니라 어떤 사람들도 한 곳으로 모을 수 없다. 지금 KUSA에는 시대의 흐름에 적합한 사업이 필요하다.

2. 사업의 제안

· MZ세대의 KUSA인들이 공유하고 활동의 현실적인 메리트 제공
· 유네스코 문화유산 둘레길 탐사활동과 조국순례대행진의 융합
· 기념품 제작과 대회 개최 등의 재정 활동 강화

1) 사업의 배경
· KUSA의 사업은 유네스코 협회와 연계해서 공적(公的)인 이미지를 확보해야 하므로 유네스코 협회에서 진행 중인 사업과 함께할 수 있어야 한다.
· 국내 최대 국제기구 조직을 갖추었던 KUSA의 전통과 역사를 되살리고, 대학생 KUSA인들을 모집할 수 있는 현실적인 메리트가 있어야 한다.
· 현재 한국에 중장년층들을 중심으로 전국 둘레길 혹은 명소 탐방 코스를 트레킹하는 문화가 대중화되어 정착하였다. 조국순례대행진 또는 향토사랑대행진과 같은 KUSA의 활동을 시대의 흐름에 맞도록 융합하여 변화시킬 필요가 있다.
· 조직의 모든 활동은 회원을 동원하고, 수익을 창출하는 효과를 기대할 수 있는 경제활동이 동반되어야 한다. 따라서 졸업 회원들 역시 조직을 통한 경제적 이득 혹은 홍보 등의 효과를 기대할 수 있어야 한다.

2) 사업의 기대 효과
· 총동문회를 비롯한 쿠사 동문들의 유대 활동 강화
· 흩어진 동문 조직의 통합을 통한 KUSA 졸업생 조직의 재건
· 졸업생과 현역들이 함께하는 유네스코 활동 활성화
· 대학에서 활동 중인 동아리 학생들에게 현실적인 지원 체계 마련
· 유네스코 협회의 지원을 통한 KUSA의 사회적 위상 확립
· 잊혀진 새물결운동의 기본 이념과 실천강령에 대한 인식 재확립
· KUSA인들의 인적 네트워크 구축을 통한 사회적 협력 강화

3) 사업의 개요

사업명	KUSA 조국 순례길
사업 개요	유네스코에서 지정한 한국의 세계유산 15곳을 "KUSA 조국 순례길"로 지정하고, 순례 코스를 지정해 KUSA회원들의 순례길 여행을 장려한다. 김태수 : 강릉 31기, 현재 7개 순례길 답사, "옐로우" 등급 　　　　매달 7일 오후에 KUSA 쇼핑몰 지역관에서 자원봉사 　　　　KUSA 졸업생들 테니스 동호회 활동 　　　　버섯농장 운영하면서 KUSA 쇼핑몰에 버섯차 제품 납품 　　　　조국순례대행진에서는 "옐로우" 그룹에서 61기와 동행 김형오 : 강릉 61기(4학년), 현재 8개 순례길 답사, "옐로우" 등급 　　　　매달 15일 순례길 청소 자원봉사 　　　　60회 조국순례대행진에서 통일도정 제 2조장 역임 　　　　제 60기 유네스코 "윈터스쿨(리더십 연수)" 수료 　　　　유네스코 협회 "국제 리더십 연수" 수료 　　　　현재 아마존닷컴 글로벌 영업팀 면접 준비 중.

	쿠사몰 : 취급 품목은 모자 셔츠 등 각종 순례길과 쿠사 관련 기념품 회원 등급별 배지 제작 및 무상 지급 등급 인증 모바일 앱 운영(순례길별 5개 포인트 인증샷) 졸업 회원들 중 쿠사몰 납품 희망하는 제품 선정 쿠사 회원들의 판매 제품 정기구독 홍보 쿠사인들을 위한 모바일 뉴스 앱 제작 및 운영과 기자단 관리 자원봉사 회원과 일정 관리 유통망은 20개 지역별로 구분하여 관리
순례 구간	한국의 유네스코 문화유산 15곳 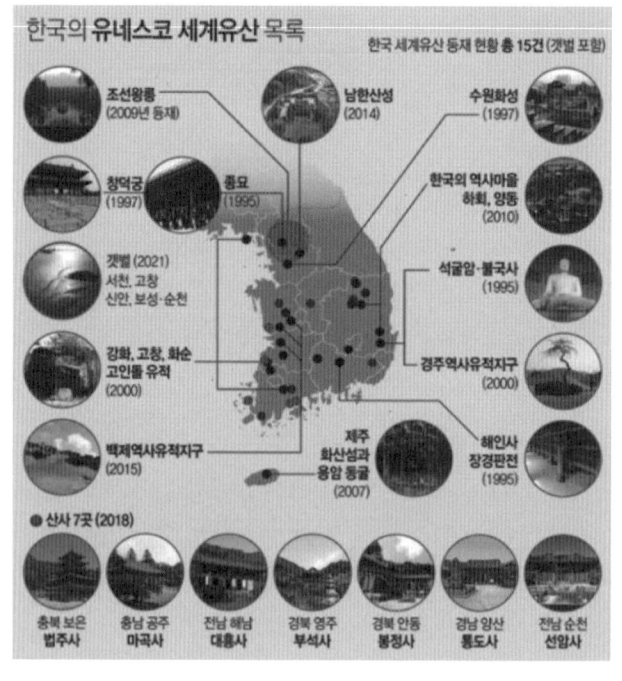

등급제 회원관리	새로운 등급은 순례길과 조국순례대행진에 국한된 제도이므로, 기존의 협회 기수를 파괴하는 것은 아니다. 다만, 연도별 기수 제도는 회원 간의 세대차이라는 벽을 만들 수 있으므로, 새로운 등급제는 나이를 내세우지 않고, 함께하는 길 위에서 우리를 하나로 만들 수 있는 제도가 될 것이다. 60살 차이가 나는 쿠사인들이 함께 어울리는 기회를 만들 수 있다. 답사한 순례지 개수를 5개, 6~10개, 11~14개, 15개 등급으로 구분해 각각 그린, 옐로우, 블루, 레드, 블랙 배지를 지급 후 회원 등급 부여. (가족 회원제 운영, 8개 이상 답사 완료 시 실버 배지 지급) 순례지마다 주요 포인트 5개 이상 사진 촬영을 위한 KUSA 기념석 설치 8개 이상 획득 시 조국순례대행진 조장급 임무 가능. 도정장(조장 1회&12개 이상) 수행 시 가능. 조장급 임무 수행 현역에겐 유네스코한국위원회 1개월 인턴십 제공. 도정장은 유네스코 국제기구 해외연수 특전 제공.
조국순례 대행진	3개의 세계문화유산을 연결한 3박 4일 코스(주말 포함)로 구성 매일 4시 ~ 9시 사이에 특강과 토론대회 레크리에이션 진행 4일차에는 도정장, 조장들과 총동문회 운영진들만 모여서 조순 평가회와 시상식을 1박 2일 일정으로 진행. 참여자는 현역과 졸업생 모두로 대상 확대 텐트, 음식, 의복 등의 제 장비 일체 차량 탑승 등 이동 지원 불가 모든 준비는 현역 동아리 연합회 중심으로 도정별로 진행 (필요한 기관들 협조 공문은 유네스코 협회 지원, 재정 지원은 총동문회에서 쿠사몰 사업 통해서 지원) 순례 기간은 현재 8월 15일 기준이 아닌, 학생들 학사 일정과 방학 중 아르바이트와 연수 등을 고려하여 새롭게 지정할 필요가 있음. (개인적으로 4월 초가 적절하다고 생각함, 신입생들에게 강렬한 이미지를 심어 줄 수 있고, 중간고사 부담이 적은 기간이기 때문)

KUSA Mall 운영	운영은 총동문회 주관으로 KUSA 자원 봉사 조직 운영. 20시간 이상 자원봉사자는 쿠사몰 30% 할인 혜택 지원 회원 등급별 할인률(5~20%) 차등 지원 필수 인원은 현직 은퇴자로서 최저 시급 지원 KUSA 출신 소상공인 영농인들이 제조하는 특산품 판매 윈터스쿨(현역 동아리 회장단 연수, 유네스코 리더십 연수를 겸함) 부활을 위한 재정 지원

4) 사업의 형태

사회적 기업과 일반 법인 형태의 운영으로 나뉠 수 있음.

다만, 쿠사몰을 중심으로 하는 사업체가 공공의 이익을 추구하는 성격을 가지긴 하지만,

판매 활동을 통한 수익 추구로 총동문회 조직의 활동 지원과 학생들 동아리 활동 지원 등에 있어 자유롭게 재정 지원을 할 수 있는 일반 법인 형태가 적합하다고 사료됨.

이는 추후 예산 조달 문제와 함께 충분히 논의되어야 함.

5) 예산

· KUSA 총동문회를 중심으로 300명 출자를 목표로 기금 조성.
   300명에 대하여 쿠사몰 운영의 기본적인 인적 네트워크로 구성.
· 출자는 1구좌당 5만원으로 하며, 개인당 무제한 출자 가능.
   출자금에 대하여 연 3%의 물적 배당금 지급(현금 지원 아님에 주의)
· 최소 출자금은 2천만원 - 서울 또는 대구에 1개 유통센터 설치

순례지 답사 및 기념 촬영비 설치(1천만 원), 쿠사몰 홈페이지와 기념품 제작(500만 원), 유통을 위한 창고 제작(300만 원), 홍보비(200만 원) 등에 필요한 금액.

· 최대 출자금 1억 원

전국 4대 권역(서울, 부산, 대구, 광주)으로 구분하여 유통센터 설치 - 4천만 원

기념품 등 제작 - 1천만 원
대학생 동아리 활동 지원(윈터 스쿨, 순례길 답사, 우수 동아리 수상 등) - 2천만 원
조직 구성을 위한 동문들과 대학생들 인적 네트워크 조사 - 2천만 원
홍보를 위한 SNS 유튜브 활동과 전단지 등 제작 - 1천만 원

유네스코 학생회와
조국순례대행진의 가치와 의미

윤정배 (14기)

차례

가. 쿠사 지역 청년사상실천 활동가의 창발정신

나. 국가요원 훈련과 KUSA의 유네스코 청년원 훈련과 조국순례를 통한 자발적 자각운동의 공통점과 차이점

다. 유네스코 청년원에 대한 회고(사라짐을 아쉬워하면서)

라. 조국순례대행진 2.0 단상

마. 유네스코인의 성찰과 자각의 전통과 미래는 무엇일까?

바. 2024년 4월26일 유네스코 청년원을 다녀오다

글을 시작하면서 : 유네스코학생회(KUSA) 활동과 조국순례대행진에 관한 개인 블로그에 적어 둔 이야기들을 이번 조국순례대행진50주년 기념 책자의 원고에 옮겨 싣습니다. 두서없이 적어둔 것이라서 일목요연하지

2023 새물결 한마당 (양평 우서원)

는 못하지만 부족하더라도 기억의 이야기들을 지금이라도 남겨 놓는 것이 완성된 자료를 만들어서 전하지 못하는 것보다는 나을 듯합니다. 유네스코 가족들께서는 수정을 필요로 하거나 보완해야 할 내용이 있다면 언제든 지적을 해주시면 너무나도 감사하겠습니다. 이 지면을 빌어 노고가 많은 쿠사 총동문회 회장단에게 깊이 감사드립니다.

가. 창발정신의 쿠사 지역 청년사상실천 활동가를 찾아서

그 첫 번째 인물 : 최초의 창업자(환웅과 단군)

 (내가) 국가를 창업하고 7000년이 흘렀다. 처음 그때 우리 유목 집단은 홍적세(●주1) 동안의 파미르를 뒤로하고 초원으로 나와 여전히 시베리아 남부와 대륙의 중앙을 떠돌아 가며 질서 있게 지내고 있었다. 한편 자연과 더불어 연대해 온 우리 무리들의 습관과 정신의 뿌리를 관찰하고 하늘의 이치를 궁구해 온 (나는) 어느 날, 문득 새로운 시대가 다가오는 것을 직감하고 그동안의 유목 상황을 끝내기로 결심하고 이런 뜻을 함께하는 길벗들에게 전하였으며, 예부터 전해 내려와서 우리의 일부가 된 바른 습속에 뿌리를 두되 새로운 시대의 정신을 담아 "홍익인간 제세이화"의 "홍인"의 나라를 창업하기에 이르렀다. 그리고 나라 이름은 우리가 늘 하던 대로 우리 겨레족의 이름을 따서 케레이스탄, 신시를 여는 지역은 "아스타나(아사타라)"라고 했으니 그곳은 "바이달라이(멈춘바다, 바이탈, 바이달, 배달)" 지역으로서 오래된 우리 친구들과도 그리 멀지 않은 동쪽 땅이었다.

 (우리는) 창업 후 함께한 무리들과 창업정신을 깊이 궁구하고 굳건히 하는 한편, 그 바탕 위에 땅을 일구고 사람들이 잘살 수 있도록 필요한 모든 과정을 하나하나 정리해 나갔다.
 마침내는 부족들이 만든 국가(기업)라는 체계를 갖추고 오늘에 이르게 된 것이다.
 그 7000년의 이야기를 한마디로 말하라고 한다면 말 못 할 것도 없지만 엄청난 내용을 포함하고 있기에 모두가 짐작할 수 있도록 말하고 한다.
 "7000년의 이야기를 도저히 말할 수 없다". 이렇게 하면 모두 짐작이 되리라고 생각된다.

(7000년이 흐른 지금) 우리 무리들에게 꼭 하고 싶은 이야기가 있어 오늘 잠시 옛길을 돌아보게 하였다. 그것은 다름 아니라 (내가 그랬듯이) 우리에게 시급하고 중요한 것은 초심을 잃지 말자는 것이다.

"홍인이 살아가는 세상을 새롭게 만든다는 것".

창업의 정신을 이 시대의 창발의 정신으로 계승해서 오래된 이야기를 오래도록 만들고 다시 들려주는 겨레의 이야기를 만들어 나가자는 것이다. 사람은 길 위에서 나서 길을 걷다가 길에서 죽는다. 하지만 그것이 사실이라 해도 진실은 그렇지 않다. 우주 자연의 이치쯤이야 우리 풍토와 습속에 담겨져 있으니 모를 것도 없지만, 죽을래야 죽을 수 없는 이치는 조금만 깊이 사려하면 알 수 있다. 하늘과 땅(우주), 세상의 실상을 모르는 사람이 없을 것이다. 즉, 수많은 하늘 중 우리는 은하계라는 아주 작은 하늘에 살고 있고, 우리 모두는 그 은하계 동기동창으로 순간을 살다 가는 무리들이지만, 진실은 그렇지 않으니 드러나지 않은 것들도 많으니 인연 따라 오고 가는 것 같지만 그것들도 다 하나의 길(도)에 도달한다. 그것은 본래로서 우주(하늘, 진리, 법계)의 하나된 자리에서, 인연 따라 드러난 모습 속에 똑같이 따로 만들어진(당신을 기분 나쁘게 만드는 사람이 있다면 그 사람이 당신과 따로 똑같이다) 우리라는 진실. 그래서 우리는 홍인이라는, 그리고 살아 숨 쉬는 동안 홍인의 길을 걸어야 한다는 이치.

(홍인, 창업정신에 창발을 더하자)

혼돈 속에 길을 걸어가다 보면 길을 걷는 자신을 만나게 된다. 마침내 뿌리, 근본에, 바다에, 고향에 이른다는 이야기일 것이다. 그런데 지금 우리는 지구라는 아주 작은 세상의 혼란과 전쟁, 위기를 눈앞에 보고 있다. 물질과 성장, 발전도 중요한 세상이 되었다. 그것이 나쁘다는 것은 아니다. 잘 관리하면서 앞으로 나아가야 하기 때문에 (나는) 우리 무리들의 창업정신과 이 시대의 창발을 이야기하고 싶은 것이다.

그리고 그 아주 작은 세상임에도 불구하고, 인간은 수준 높은 이상과 실천을 꿈꾸는 속에 "유네스코"라는 크리스털, 결정을 겨우 100년 전에서야 가까스로 품었고(아직도 아슬아슬하다), 우리 무리에 접속되어서는 "쿠사"라는 보석 같은 길 위의 무리를 겨우 50여 년 전에 탄생하게 된다.(상징적으로 보거나 이 무리들의 그동안의 발자취를 돌아보건데 이 이름은 모래가 뭉쳐져서 탄생한 보석의 이름으로 보아도 틀리지 않을 것 같다) 그 무리들이 "조국"이라는 (내가 창업한 뜻으로) 나를 구체적으로 품고 있는지는 알 수 없지만, 어찌 되었건 "가슴속 깊이" 뜨겁게, 눈물이 나오도록 저 강산과 황톳길을 걸으며 길 위에서 자기가 누구인가를 묻고 또 물었을 것이다.(우습지 아니한가? 나와 자기가 다르지 않음을. 우리가 본래 하나이라는 것을 그제서야 깨닫다니...)

여하튼 유네스코라는 크리스털과 쿠사라는 보석 그 자체인 길 위의 아주 작은 무리들은 (여러 우여곡절 끝에) 아직도 이 무리에 초석을 놓은 뜻과 그 길을 제대로 이해 못 하는 것만 같아서 안타깝기도 하다. 자기가 사는 시대와 자기가 살고 있는 그 땅에서 우리 무리의 창업정신과 창발정신이 살아 숨 쉬도록 하루하루 살다 보면, 그것이 길이 된다는 진실. 그 사람이 진정 자기라는 진실. 길을 걸어 본 사람들은 체험으로, 이심전심으로 아는 진실.

이것을 잊어버렸기에 그 작은 우리의 무리는 길을 잃어버린 것은 아닐까?

삶 속에서 그 장엄한 무심의 길을 어떻게 실천하고 길을 걷는가는, 다음 기회에 이야기하기로 한다.(길을 가는 무리들의 창업정신과 창발정신의 구체적 실천과제)

덧붙이는 글

사실 하고 싶은 말은 거의 위의 글에 담겨 있을 것 같군요. 꼭 덧붙이고 싶은 이야기가 하나 있습니다. 지금 세상과 인류와 우리 대한민국은 최대의 위기에 처하고 있습니다. 인류 공통의 5가지 큰 문제(앞으로 계속될 팬데믹, 글로벌 금융과 자본의 위기, 글로벌 패권전쟁, 거대한 재난과 문명의 종말을 가져올 지구 격변, AI를 비롯한 과학기술 발전에 대한 대응)와 우리 한국의 5가지 큰 문제(남북 갈등과 통일, 인구 문제, 재앙 대응, 그동안 우리를 이만큼 먹고살게 해준 과학기술과 산업에서 글로벌 국가 경쟁력 상실, 주변 국가와의 지정학적인 크고 작은 전쟁에 준하는 생존문제)가 눈앞에 시시각각 엄청난 파도로 우리를 덮치고 있습니다만, 인류와 우리의 현재 역량은 (미리미리 전략적으로 움직이지 못한 탓에, 지난 20여 년간을 평균적으로 평가해 보면) 그저 퇴보하지나 않을 정도로 버티고 있었던 것 같습니다.

인간의 탐욕과 무지에서 초래되었다고 손 놓을 것이 아니라 이 절체절명의 분기점을 대위기로 인식하고 큰 인식과 발상의 전환을 고심하고 있었습니다. 마침 대학에서는 RISE 사업과 글로컬 사업이 준비되고 있기에 이런 관점을 제공하고 싶었습니다.(지금의 분위기는 너무 안이하더군요) 그러한 와중에 시몬페레스 이스라엘 대통령의 유작-"작은 꿈을 위한 방은 없다", 그리고, "창발의 시대"라는 책을 읽고 있는 와중에 "조국순례대행진 50회 기념(2023년), 50주년(2024년)기념사업" 이야기가 김성식 총동문회장님으로부터 있어서 흔쾌히 수락하였습니다. 개인적으로는 지난 2015년 쿠사 50주년 이후 마무리 짓지 못한 실천목표(?)를 "새물결청년사상연구원" 도반님들과 함께 만들어 나갈 생각입니다.

● 이슈) 최근 검색자료에 실천과제가 하나 찾게 되어 잊어버리지 않으려고 같이 수록합니다.

유네스코 새물결 청년사상 실천자에게, 지역거점을 기반으로 일반인, 외국인 대상의 유네스코 새물결 지역방문자센터 구축 프로젝트 http://m.mdilbo.com/detail/nPE2fj/651525[사설]전남 갯벌 등 유네스코 등재, 이후가 더 중요하다. 전남 신안을 비롯한 한국 갯벌이 유네스코의 세계자연유산에 등재됐다. 철새 기착지 등 생물 다양성 보전서식지로서 가치를 인정받았다.

● 주1) 홍적세(플라이스토세) 와 뷔름빙기(역사 속 최종빙하기), 고드리아스기
플라이스토세 - 위키백과, 우리 모두의 백과사전 - https://ko.m.wikipedia.org/wiki/%ED%94%8C%EB%9D%BC%EC%9D%B4%EC%8A%A4%ED%86%A0%EC%84%B8 - 플라이스토세(Pleistocene)는 약 258만 년 전부터 1만 2천년 전까지의 지질시대를 말한다. 홍적세(洪積世), 갱신세(更新世) 또는 속칭 빙하기(Ice Age)라고도 한다. 플라이스토세라는 명칭은 그리스어 '새로운'에서 비롯되었다.

나. 국가요원 훈련과 KUSA의 유네스코 청년원 훈련과 조국순례를 통한 자발적 자각운동의 공통점과 차이점

(1) 배경

언제든지 어디서든지 국가에는 요원(agent)이 필요하거든요. 요원은 언제나 필요합니다만 좀 더 발전해서 목적에 맞게 정확하면서도 다양한 분야로 발전해야겠습니다. 미국, 영국의 요원 교육을 참고하면 좋겠습니다. 그 중에서 국가시스템으로서 교육과 훈련의 중요성은 말할 필요가 없으며 그 중에서도 국립대학의 교육과 훈련, 경험은 인격과 의식 형성에 자기도 모르게 큰 영향이 있는 것이 사실입니다.

(a) 국가시스템으로서 요원 훈련

참고로 저는 평생 2번의 요원 교육을 받았습니다. 2기 교수요원, 1기 KIST 대학생 전산요원 (KIST성기수 박사님 시스템 연구소)입니다. 전산정보요원의 이야기는 다른 기회에 남기도록 하겠습니다. 지금은 현직에서 은퇴했지만 진정한 요원(에이전트) 훈련과 아카데미 설립을 추진하고 있습니다.

(b) KUSA의 유네스코 청년원 훈련과 조국순례를 통한 자발적 자각운동 그리고 나를 돌아봄

쿠사와의 인연은 책(주1)과 책의 내용을 인용한 앞의 블로그(주2)에 이야기하였다. 여기서는 쿠사와 유네스코 청년원에서 나의 경험이 나의 일생에서 어떻게 작용하였던가를 요약하고자 한다.

(주1, 2) https://m.blog.naver.com/jbyoonnav/223193931882

(1) 서클(동아리)의 일반적인 집단 활동(이 부분은 공통적인 부분으로 일단 생략)

(2) 쿠사의 전국 활동 - 조국순례대행진 참가한 계기와 경험으로부터 전국적인 단체로서 여러 대학과 선후배들과의 만남, 당시로서는 막연하였던 쿠사와 조국순례대행진의 구호들에 대해 지금에사 그 의미와 가치를 알게 되었다.

(3) 유네스코 설립에 담긴 의미와 인물들, 그 속에서 만나는 유네스코가 지향하는 정신과 가치, 한국 유네스코 운동의 대학과 청년 정신의 일관된 탐구와 성찰, 실천의 과정 그리고 미완의 설계자이었던 인물과의 만남 등이 핵심일 것이다. 유네스코 청년원의 시작과 함께한 행복한 사람의 다짐은 이와 같다. "우리는 유네스코의 이상을 실현하여야 할 역사적 사명을 띠고 이 땅에 태어났다".

(4) 대학 시절의 체계적인 교육시스템, 국립대학의 시스템, 두 번의 요원 훈련, 쿠사와 청년원에서 함께한 교육훈련, 경험들이 일생 동안 프로젝트와 프로그램, 교육과 공직 활동에 미친 영향과 결과들(이것들은 정리를 필요로 합니다, 덧붙여서 국립대학에서 배우지 못한 국가민족사회의 스피릿, 고대사와 정체성, 표문(출사표)이 없는 서울대학교의 이야기는 언젠가 다루어야겠지요).

(5) 자발적 학습에 기반한 인포멀 교육의 중요함(이홍우 교수님-낚시꾼과 김치 담그기의 차이)

(6) 쿠사 유네스코 교육훈련에 담기지 못한 미완의 숙제들 이야기(참고로 이 내용은 '이런 일을 20대에 알았더라면'라는 글에 담아 두었습니다)

2번의 요원 교육과 제도의 기억, 평생의 국립대학 교수와 공직자로서 그리고 재난안전분야의 연구자로서의 경험을 통하여 알게 된 바로는 국가의 시스템은 정부의 입장에 따라 흔들려서는 안 된다는 것입니다. 세계 여러 나라를 며칠이나 1개월 이상, 1년 정도 머물렀던 경험에서 보니, 애국과 애민을 두 기둥으로 국민을 훈련하는 것이 불가능한 나라가 너무 많다는 것에 새삼 놀라고 있습니다. 어떤 나라에서는 애국애민이 없어서 그 나라 발전을 바라는 것도 포기하게 되기도 했지요~

(c) 맺음말

1960~1990년의 대한민국에게 고맙고 긍지를 느낍니다. 국가시스템!!! 너무너무 중요합니다.

다. 유네스코 청년원에 대한 회고(사라짐을 아쉬워하면서)

차례
배경과 방향

질문1) 나의 KUSA 경험은 무엇이고 어떻게 다른가?

질문2) 유네스코 청년원과의 인연?

질문3) KUSA는 어떤 조직이었으며, 유네스코 청년원에서 어떤 활동을 하였나?

      남겨진 숙제?

질문4) U+K way?

질문5) 이런 것들을 좀 더 일찍 알았더라면~

맺음말

배경 : 1977년부터 본격적인 활동(서울공대 KUSA, 홍보부장)을 시작하면서 이후 1978년(5회) 조국순례대행진, 회장단 연수회, 회장단연수회 선배(초청)간사, 지도교수협의회(경상대학교 지도교수), 14기 모임, 총동문회 활동, KUSA 50주년 총동문회장을 두루 거치면서 지금까지 유네스코 가족임을 자랑스럽게 생각하고 있습니다. 유네스코 청년원에 대한 기억들을 말씀 드림으로써 유네스코 청년원, 이천평화센터의 설립과 거기서 있었던 액티비티 중 쿠사와 관련되는 기억을 돌아보는 것이 제가 드리고 싶은 내용입니다.

스스로 물어봄: 새로운 청년센터의 부활을 희망하면서 스스로에게 다음과 같이 물어봅니다.

질문1) 나의 KUSA 경험은 무엇이고 어떻게 다른가?
답1) *配주4 1977년 어느 날 친구를 따라 KUSA(한국유네스코학생회)의 지회 서클(동아리)에 가입하여 새물결운동, 조국순례대행진, 졸업 후 대학교수로서 쿠사 지도교수 및 동문회 활동 등 오늘에 이르기까지 인연 따라 활동하였습니다.

질문2) 나의 유네스코 청년원과의 인연?
답2) 가. 1978년 회장단 연수회 참가, 1980년 회장단연수회 선배(초청)간사 참가, 지도교수협의회(경상대학교 지도교수) 참가, 조국순례대행진 합류 행사, 총동문회 모임(새물결 한마당) 등이 이천 청년원에서 있었음.

나. 초대청년원 이구재 원장님, 유진, 강대근 지도 선생님 등의 인연이 담긴 기억의 편린이 남아 있는 곳.

다. 프로그램 기획, 강연, 학습 및 훈련을 통한 Informal Education의 장소.

라. 전국 KUSA 인의 공동활동(중앙위원회 등), 연수회, Training Camp

(기타) 많은 청소년 단체와 사회단체의 학습, 연수, 국제기구로서 연결된 많은 조직들이 활동, 거쳐 간 곳

참고로 1975년 공사를 시작하면서 '유네스코학생 종합수련관'으로 시작해서 1975년 8월 17일 2회 조국순례대행진 합류식에 이어서 새물결전국대회를 이천 현장에서 진행하였습니다.

1977년 하반기에 완공하여 유네스코 청년원은 야심차게 출발하였습니다.

1978년 2월 회장단 연수회 사진

유네스코 청년원(25기 쿠사학생회 지도자 교육과정) 사진(1980년 2월 10~15)
청년원 초청 지도 선배- 본인(사진 앞줄 가운데)과 이병우 동기(사진 오른쪽)-학생 참가자(쿠사16기)

    12월의 학생지도자 교육과정, 1978년 1월과 2월의 학생지도자 교육과정을 출발점으로 하여 이때 만났던 14기 전국대학 동기들은 지금까지 45년 동안 동기모임을 함께하고 있습니다

    질문3) KUSA는 어떤 조직이었으며, 어떤 활동을 하였나? 남겨진 숙제는?
    답3) 그 시절은 때마침 '유네스코 청년원'의 설립(1977년 7월 이천시 매곡리 완공)과 함께 대학생을 중심으로 새로운 청년운동이 시작되는 때였으며, 조국이라는 관점, 청년으로서 그리고 미래 리더로서 필요한 자질과 체험 등을 훈련하는 계기가 되었습니다. 헌장을 낭독하고, 실천 강령을 선서하고,

공동 활동목표를 정하는 것까지 아직 준비되지 않은 청년들이 '친구들을 만나고, 자신이 누구인가를 고민하고 내가 세상에 어디쯤에 있는지'(*주5) 와 세상을 보는 법을 고민하게 되었습니다. 또한, 그때의 유네스코는 한마디로 "유네스코 꾸리에"의 한글 제목처럼 제게는 "세계로 열린 창"이었습니다. 지금에 와서 돌아보면, 마치 이스라엘의 시몬 페레스 대통령이 말한 "벤쉐멘 청소년 학교"(*주6) 와 비교될 수 있을 것 같습니다. 언제부턴가 우리의 이상(理想)은 우리 사회와 대학에서 서서히 사라져 갔지만, 다시 이 시대의 모습으로 인류의 사명을 이루는 길에서 '백범 김구' 선생님이 못다 이룬 이상(理想)을 새기면서, 그리고 유네스코의 이상(理想)을 청년을 통하여 이 땅에 구현하고자 하였던 선생님들의 바람과 더불어 활활 타오르기를 염원해 봅니다. 아직 시작 단계인 '(가칭) 새물결 청년사상연구원'의 기초를 놓는 데 늘 함께하는 도반님들께 깊이 감사드립니다(※주4 끝)

의의와 이어 나갈 미완의 이야기들

의의
가. 1960~1980년대 시대적인 청년운동 중에서 유사 운동단체의 청년 활동의 학습과 훈련 모델
　나. 공동체 훈련
　1) 낚시꾼 이야기(이홍우 교수)-좋아서 그냥 할 뿐, 교육의 내재적 목적에 충실.
　(김치 담그기, 수학 문제 풀기와 비교되는)
　2) 학습자에게 의미 있는 이익(교육 활동의 중심이 학습자에게).

3) 자발적 활동의 성격- 참가자의 자발적, 마음에서 우러나는 활동, 보는 안목을 키워 준다.

(활동 경험, 세상을 보는 힘, 멀리 내다보는 힘)

4) 특별한 수월성 훈련-앎의 구조가 개인적인 지식의 학습에 치우친 것을 넘어 효과적인 협동적 학습, 상호학습.

5) 이스라엘 시몬 페레스 대통령이 기억하는 벤쉐멘 청소년학교와 비교되는 청년센터.

6) U+K, K+U 청년학교의 중요성(조국순례대행진은 유네스코한위가 만든 KUSA인의 학교이다, 공동체 훈련학교).

반성과 남겨진 숙제, 미완의 이야기들

1) 3~7년 정도의 청년학교 학습의 효과, 사회 기여효과 측정 문제 ?

2) KUSA의 내재적인 지속발전 가능한 조직으로 진화의 어려움? 그 원인은?

- U+K, K+U way는 교육과학문화의 국제기구로서 목적, 방향 그리고 방법에서 타 조직과 다를 수밖에 없고 달라야 한다.

- 청년원을 중심으로 하면서 초창기 협회과 지도간사의 역할이 중요하였음, 이의 단절(내외적인 이유, 5공 등등).

- 시대는 무심히 흘러가고....(U의 지향점은 다양, Focus 는 변하였다)

- 지속발전 가능한 내재적 조직으로 변신을 준비하는 시간(사상과 철학, 방법 등)이 필요하였다.

3) 시대를 관통하는 청년의 길(모두의 평화로운 마음의 나눔 실천, 청년...청년...청년)

염원

- (册 본문 인용)

　a. 유네스코의 노력, 특히 교육 분야의 훌륭한 이상과 방향에도 불구하고 그 실천의 방법이 행동하는 각자의 일상과 삶에서 유리되어 왔음을 반성하면서, 이런 점을 해결하기 위해 깊이 고민하면 좋겠습니다.

　b. 이런 점에서 미래교육이 담아야 할 사상으로서 "청년사상"의 지속적인 탐구와 일상에서의 실천을 주창하는 모임이 활성화되고 지속적인 운동과 구심점이 되는 기구가 다시 일어나야 합니다. 이러한 탐구와 실천을 미래교육과 연결하고 "오래된 미래"인 우리 자신으로서 "영원한 청년"을 고양하면 좋겠습니다.

　c. 한편으로는 전쟁을 막는 사상으로서 "마음으로부터의 평화"를 주창하는 국제기구는 앞선 근대 국제교육발전 운동에서 알 수 있듯이 유네스코가 처음이자 지금도 여전히 핵심 국제기구입니다. 이런 점에서 최근의 세계적인 명상 트렌드에 맞추어, 미래교육이 담아야 할 사상으로서 유네스코의 가치에 공감하는 모든 인류는 "마음"에 관한 탐구와 "내적체험"에 바탕으로 한 "모두의 평화로운 마음의 나눔 실천"에 나서면 좋겠습니다.(册 본문 끝)

질문4) U+K way?

-(册 본문 인용)

　a. 한국에서의 '청년의 육성'은 고구려, 백제, 신라에서 그 연원을 찾을 수 있으며, 특히 신라 화랑(花郞)이 기록에서 찾을 수 있는 청년의 뿌리로서 삼국사기 등 현존 자료로 보아 1500여 년 전부터 시작된 이슈이다.

　b. 글로벌하게 보면, 그리스 고대 올림픽을 기준으로 하면 2700여 년

전부터 고민하였고 실행에 옮긴 이슈이다.

 c. 근대에 와서는 1922년 지식인협조국제위원회(CICI)를 시초로 1925년 IICI, 1925년 국제교육국(IBE)이 국제교육발전을 위한 비정부기구로서 출범하였다. 지금까지 100년에 걸친 근대 세계 인류의 간절하고도 화합된 발걸음이었고, 세계대전과 오늘에 이르기까지 수많은 도전과 혜안으로 헤쳐 나온 역사이다.

 d. 이후 2차 대전과 그 후의 유네스코의 활동은 전 세계인들이 아는 바와 같다. 한국에서는 유네스코한국위원회의 '청년'을 위한 활동은 1960년대에서 1980년대까지만 해도 대학생 활동 이니셔티브(KUSA), 국제야영교육(IYC)을 비롯한 국제청년활동 이니셔티브, 해외봉사단파견사업(2기부터는 KOICA(한국국제협력단)설립으로 이관)(*3) 활동 등이 있었으며, 이번 기회에 유네스코한국위원회 내의 협회과(協會課) 선생님들의 노력이 있었음을 기억해 주면 좋겠습니다.(Ⅲ본문 끝)

제언(반복된 내용은 글 끝에 기록-주)
 요약하면,
 ⑴ 유네스코의 노력, 특히 교육 분야의 훌륭한 이상과 방향에도 불구하고 그 실천의 방법이 행동하는 각자의 일상과 삶에서 유리되어 왔음을 반성하면서, 이런 점을 해결하기 위해 깊이 고민하면 좋겠습니다.

 ⑵ 이런 점에서 미래교육이 담아야 할 사상으로서 "청년사상"의 지속적인 탐구와 일상에서의 실천을 주창하는 모임이 활성화되고 지속적인 운동과 구심점이 되는 기구가 다시 일어나야 합니다. 이러한 탐구와 실천을 미래교육과 연결한다면 "오래된 미래"인 우리 자신으로서 "영원한 청년"을

고양하면 좋겠습니다.

⑶ 한편으로는 전쟁을 막는 사상으로서 "마음으로부터의 평화"를 주창하는 국제기구는 앞선 근대 국제교육발전 운동에서 알 수 있듯이 유네스코가 처음이자 지금도 여전히 핵심 국제기구입니다. 이런 점에서 최근의 세계적인 명상 트렌드에 맞추어, 미래교육이 담아야 할 사상으로서 유네스코의 가치에 공감하는 모든 인류는 "마음"에 관한 탐구와 "내적체험"에 바탕으로 한 "평화로운 마음의 나눔 실천"에 나서면 좋겠습니다.(▥본문 끝)

질문5) 이런 것들을 좀 더 일찍 알았더라면 (Institue, Thinktank를 준비하면서)

(▥ 본문) "돌아보며(유네스코 활동으로 이어진 인연에 붙여)(*주4)

지금 2022년 이 시점을 돌아보면, 우리는 일제 식민지 치하와 내전을 거쳐, 공업화 및 세계화, 탈근대와 신자유주의를 거쳐 다극체계의 성립과의 신세계 질서로 가는 전쟁의 와중을 보고 있고 겪고 있습니다. 우리는 항상 세계적인 이슈와 담론의 한가운데에 놓였었고, 많은 좌절과 가능성을 거치면서 이를 극복하는 과정에서 그래도 '백범 김구' 선생님과 같은 큰 사상적 울림이 지금도 전해지는 그런 나라입니다. 또한, 문화적으로도 상당한 힘을 가진 나라로 나아가고 있고, 전통과 현대, 글로벌과의 문화적 조우, 새로운 문화 창조 그리고 '조화로운 세계문화란 글로벌 측면에서 무엇인가?'에 이르기까지, 장래의 지향점과 문제 해결에 이르는 길을 고민하고 제시하면서 나아가야 하는 특별한 위치에 있음도 알게 되었습니다. 그럼에도 아직도 이런 비전을 내적으로 체계화하지 못하고 나아가 "전략국가"로 나가는 데 어려움을 겪고 있습니다.

그럼에도 우리는 상호 모순적이고 대립적인 것 속에 전체와 개별의 연계와 포섭의 측면에서 화쟁사상(和諍思想)과 시시각각 지금 여기서 보살의 삶을 산다는 선(禪)의 정신도 품고 있는 그런 나라입니다. 한마디로 말한다면 "지구상에서 살아 있는 전설 같은 나라이다"라고 말하고 싶습니다. 그럼에도 나의 행동하는 모든 일상들이 보살로서의 삶과 유리되어 있었으며, 불자로서 매일 일과(日課)를 하면서도 그 속에 일일일생(一日一生)의 삶 속에서 생수불이(生修不二)의 삶을 살아가는 깊은 의미가 숨어 있는지를 미처 깨닫지 못하였습니다. 이런 것을 미리 알았더라면! 이런 아쉬움을 늘 새기면서 유네스코 헌장이 지향하는 "마음으로부터의 평화"를 염원하는 유네스코인과 유네스코운동을 하는 한국인들의 꿈이 속히 이루어지기를 염원합니다."(冊 본문 끝)

Thinktank를 준비하면서

1) Academy, Institue, Thinktank를 준비하면서.
2) 연결의 시대(창의란 단지 연결이다, zero to one을 고민하며).
3) 시대는 지식 앎의 방식에서 감성인지 멀티모달 인터액션의 시대로 진화.
- 23년 한마당 양평 황순원 소나기마을(양평군+경희대) 탐방과 다양한 체험프로그램 발견.
지자체와 공동으로 프로그램 Funding 가능성 발견 계기.
4) Big Data 시대에는 경험과 contents, story를 글로벌하게 surf, 깊은 울림으로 나아가게 될 것.
5) Mind Share의 시대에는 공감, 소통이 중요.
- 각자 마음, 마음의 작동 방식, 마음을 둘러싼 환경, 마음 잘 쓰기(챙김, 나눔… 등등).

6) 무심에서 한 생각 일으키기(종교적인 자각에서 유네스코적인 마음 씀으로, 모두의 평화로운 마음의 나눔 실천).

7) 새물결 청년사상 연구원은 싱크탱크인가?, 학회인가?

- 비영리법인으로서 싱크탱크에서 출발하여 학회로 발전해 나가고자 함.

- 이 시대가 필요로 하는 유네스코 이상을 실천하는 오래된 미래, 청년(청년정신을 탐구, 자각하는 조직).

- 일일일생의 성찰과 나눔의 삶을 살아가는 사람들의 조직(성찰과 나눔의 삶을 살아가는 사람들의 조직).

- 유네스코 정신을 이 땅에 실현하고, 유네스코가 필요로 할 때 도와주는 준비된 봉사조직(유네스코가족).

- 쿠사 재학생을 도와주고, 쿠사 시니어 활동의 구심체(쿠사를 후원하고 총동문화를 아우르는 조직).

맺음말 : 모든 것은 인연 따라 오고 가는 것이니 매달일 일은 아닐 것입니다. 다만 최선을 다해 꿈과 희망을 가지고 노력하다 보면 언젠가는 이어지고 이루어지겠지요. 새로운 청년센터의 부활을 희망하면서, 돌아볼 기회를 주셔서 유네스코한국위원회 관계자분들께 감사드립니다.

(따로 덧붙이는 글: 수정 편집을 하다 보니 한 바구니에 계란을 많이 담은 꼴이 되었습니다. 다시 나누어 담아야겠습니다. 한편으로는 지금 제가 해야 할 제일 시급한 것이 당시 '청년원교수시스템(도반)'의 복원인 것을 알았습니다. 지금은 일종의 단기연수시스템(성찰일상, 실천나눔, 교수자의 자세 등)만 거치면 바로 청년원 교수로 활동할 우리 쿠사 가족들의 인적자원이 풍부합니다. 한편으로는 유네스코 청년원의 이름은 "새물결 유네스코 청년원, 유네스코 청년원 2.0"이라는 이름으로 다시 이어지도록 다짐합니다).

라. 조국순례대행진 2.0 단상

조국순례대행진(이하 조순대) 50년을 회고하면서 오늘 아침 문득 '진정한 순례'란 "지금 이 자리를 떠나지 않고 이 자리에서 자신의 삶 속에서 순례의 길을 걸어 나가는 일"이 아닐까 하는 생각이 들었다.

아마 오늘이 우리 KUSA 14기 서울 모임 때문일지도 모른다. 또 어제 우리 GITTN(주2) 창립 멤버끼리 ZOOM 회의를 한 내용이 머릿속에 맴돌아서 그럴 것일 것이다~

한편, 조순대2.0 에 대한 KUSA 총동문회장 김성식 회장의 이야기와 24년 한 해 프로그램에 대한 이야기로부터 오늘 아침 일과 중의 느낌과 어울려 다시 돌아오는 조순대(지금 여기의 자신의 삶과 일 속에서 풀어 나가는 순례길)의 글을 적어 보기로 하였다. 마침 십우도에도 기우귀가(騎牛歸家)가 있으니 어떤 느낌일지 도움이 될 것 같다.

(1) 조국순례대행진 2.0 은 무엇일까?

유네스코학생회는 1974년부터 유네스코한국위원회와 더불어 '눈세가조'(주1)를 바탕으로 '조국 산천을 걷는다'를 모토로 현대의 최초의 순례길의 시작하였고 2023년과 2024년이 50회(?)와 50주년이 되는 해이다. 지금까지의 50년을 조순대 1.0 이라면 앞으로의 조순대는 이 시대에 맞는 새로운 형식과 내용을 담아서 조순대 2.0 으로 다시 이어지게 될 것이다.

(2) 십우도는? 심우도라고도 하며 불교의 자성(주인공)을 찾는 공부의 과정을 열 개의 그림으로 나타낸 것이며, 스스로 각 단계의 경지를 체득하도록 이끄는 나침반으로 쓰인다. 그중에 "소를 타고 돌아온다"는 여섯 번째 단계, 기우귀가이다.

7~10단계는 망우존인(忘牛存人), 인우구망(人牛俱忘), 반본환원(返本還源), 입전수수(入廛垂手)이니 음미하면 '자신의 삶과 일 속에서 풀어 나가는 순례길'의 뜻과도 일맥상통한다.

(주1) 눈세가조: '눈으로는 세계를 가슴에는 조국을'이라는 유네스코학생회의 핵심 슬로건이다. 필자는 늘 줄여서 '눈세가조'라고 부른다.

(주2) GITTN : 경남과총의 별도 비영리 단체로서 경남혁신 전문가 싱크탱크 네트워크의 약자이다.

마. 유네스코인의 성찰과 자각의 전통과 미래는 무엇일까?

(1)유네스코인의 성찰과 자각의 전통은 무엇일까???

인류가 당면한 문제들 중에서 전쟁, 위기, 미래 위협 등 핵심적인 이슈들에 대하여 지적성찰을 바탕으로 문제를 인식하고, 해결을 위해 고민하고 협력하며, 실천하고 나누는 전통인 것 같습니다.(덧붙이는 글-어제 19일 순례포럼을 마치고)

(2)쿠사인의 성찰 전통은 무엇일까?

청년활동을 통한 체험을 바탕으로 성찰-자각-실천-나눔의 전통일 것 같습니다.

(3)새로운 이 시대의 창발정신의 유네스코-쿠사의 성찰 전통은 무엇이 되어야 할까?

오래된 우리 국가의 창업정신을 이어서 다만 현재를 무심하게 깨어서 하는 일과 하나가 되어서 살아가는 (생활과 유리되지 않고 하나가 되는) 창발-성찰-실천-나눔의 전통이 될 것 같습니다. 왜냐하면 유네스코인은 언제어디서나 마음으로부터의 평화를 기준으로 삼기에.

 (과거) 개념을 정립하고 이상을 세우고 희망을 자극하는 단계

 (현재) 이상과 비전을 조직화하고, 실질적인 기능을 독자적으로 수행하는 자립적인 조직의 단계

 아마도 이것은 새로운 창업에 버금가는 사업기획의 용기를 필요로 하거니와 이를 수행하는 데는 많은 복잡함을 수반할 것입니다. 어떤 기획과 업무, 새로운 조직이나 단체의 설치 그리고 변신한 속에서의 협력 등등...

 벤구리온이나 시몬 페레스, 사까모토 료마와 같은 성공의 멘토도 있었고, 백범 김구 선생님 그리고 유네스코 청년 지도 선생님들 같은 미완의 멘토도 있었습니다.

 이런 의미에서 나를 포함한 도반들은 비추이스트(bitzuist, 히브리어로 실용주의자이자, 행동주의자라는 뜻을 강하게 내포하는 단어이다. 비추이스트는 어떤 일이든 이루고야 마는 사람을 지칭하는 말이다)가 되고 볼 일입니다.

 (창업국가, 댄 세노르, 사울싱어 지음, 윤종록 옮김, 다할미디어, pp.141-162)

바. 2024년 4월 26일 유네스코 청년원을 다녀오다(조국순례대행진 50주년과 유네스코청년원 아카이브를 다녀온 일정 기록)

 어제 6시 14분 첫 ktx를 타고 진주역에서 오송역, 그리고 오송 동탄까지 srt로 갈아타고 동탄역에 9시 40분에 도착하였다. 10시 30분 동탄역 1번

출구에서 쿠사총동문회 최윤정 부회장(시인)을 만나서 수원에서 온 최부회장 동기의 차에 동승해서 이천 유네스코 평화센터(참고로 유네스코 학생종합수련관-유네스코 청년원-유네스코 평화센터로 명칭 변경)에 예정보다 조금 늦은 11시 40분에 도착하였다. 이미 도착한 김성식 총동문회 회장과 더불어 사전에 준비된 2층 소회의실에 올라갔다. 열 분 이상 앉아 있었고 바로 행사 1부를 진행하였다. 제가 사회로 자기 소개, 동문회장 인사, 한국위원회 한경구 사무총장님 축사 소개와 더불어 서현숙 네트워크실 실장님 인사, 그리고 각자의 기억의 이야기를 듣는 시간으로 1부 행사를 마치었다. 2부는 점심 식사 후 조국순례합류식 재현과 조국순례대행진 1.0 완료 보고를 운동장 사열대에서 약식으로 진행하였다. 이어서 기억의 장소와 향후 보관해야 할 유산물들과 장소를 탐방하면서 추억의 시간을 가졌다.(참고로 석물 및 기념탑, 현판 등 3점 정도, 새물결동산의 3점 정도는 보관하여야 한다. 사진 참조)

 3부는 앞마당에서 음악과 함께한 작은 축제를 늘 함께해 주시는 해당화 밴드와 함께 모두가 즐거운 시간을 보내면서 추억의 시간을 가졌다.

 중간중간 멘트가 있었고 나도 몇 마디 소감을 이수인 선생('고향의노래', 조순대 곡인 '앞으로' 작곡, 경남 의령 유곡에 잠드심)의 '내 맘의 강물' 노래 가사로 대신하였다. 뒷정리는 후배들에게 맡기고 17기 유재길 선생의 카니발에 동승하여 역삼동 과총회관에 16시 40분에 도착하였다. 건축학회 정기총회 폐회에 맞추어서 학회 지인들과 인사를 나눈 후(건널목에서 동명대 임학장도 만나서 반가웠음) 바로 전철로 수서역에 가서 19시 34분차로 진주로 돌아왔다. 금요일 저녁 8시는 무문관 zoom 모임이라서 차 안에서 배터리가 다될 때까지 참가하고 23시경에 귀가하였다.

 차 안에서 쿠사 명상실과 선방을 생각하면서 하루를 정리하였다.

덧붙이는 글 1 (4월 27일 경상대 쿠사동문회에 어제의 소식을 전함)

　유네스코 청년원은 회장단 연수회나 새물결전국대회, 조국순례대행진 합류식, 쿠사지도자교육과정 등 프로그램을 진행하였지요~조국순례대행진과 더불어 쿠사가 전국적인 일체성을 가지는 데는 전적으로 청년원의 역할이 절대적이었습니다. 특히 중앙위원회 기구는 창립지회를 심의 의결하였고 1978년 2월에 경상대 쿠사가 창립 의결할 때 저도 회의실 밖에서 그 소식을 들었던 기억이 있습니다. 경상대 쿠사에서는 신만석 동문도 함께했고 김정한 선생이 고생 많았었지요~

　(역사의 한 페이지) 청년원은 부지가 2만여 평 1975년 유네스코학생종합수련관으로 공사를 시작하였습니다. 쿠사 때문에 지어진 것이지요. 현재는 프로그램은 생각도 못하고 유지관리 비용도 감당이 안 되고 최소한의 비용도 부담이 되어 매각을 준비하고 있습니다. 그래서 이번 행사에서 우리가 챙겨 놓아야 할 기억을 아카이빙하는 목적도 겸하여 진행하였습니다. 총동문회 김성식 회장과 회장단이 준비와 한국위원회 연락 등을 맡아서 진행하느라고 고생 많았습니다.

　아무튼 사진에 보이는 쿠사의 유산물들을 챙겨서 두어야겠네요~ 강대근 선생님 유품도 유진강대근 기념관을 지어서 전시하려고 제가 가지고 있기도 합니다~

덧붙이는 글 2 (3부에서 나의 멘트)

나와 너, 그리고 오래된 미래인
우리 자신을 만나러 가는 길~
산이 막으랴~물이 막으랴~고향길 가리~가리~가리라~~~

(이수인 선생의 노래)

-내 맘의 강물-

"수많은 날은 떠나갔어도 내 맘의 강물 끝없이 흐르네. 그날 그땐 지금은 없어도 내 맘의 강물 끝없이 흐르네. 새파란 하늘 저 멀리 구름은 두둥실 떠나고, 비바람 모진 된서리 지나간 자욱마다 맘 아파도...알알이 맺힌 고운 진주알 아롱아롱 더욱 빛나네. 그날 그땐 지금은 없어도 내 맘의 강물 끝없이 흐르네."

이 글을 유진, 이광영, 강대근 선생님께 바칩니다.

덧붙이는 글 : 길을 가는 무리들의 창업정신과 창발정신의 구체적 실천과제 - 오늘 아침 메이드인피플 청년들을 접하고~ https://m.blog.naver.com/jbyoonnav/223108422422

KUSA 조국순례대행진의 역사와 재추진 방안

서주석 (15기)

조순대의 역사

조순대의 역사 (1)

- 1회 조순대(1974. 8. 5~15) : 49개 대학 1,510명
- 유네스코한위 주최, 4개 코스(서울/영남/호남/충
- 주제 : "젊음은 행진한다. 영원히 사랑해야 할 이

조순대의 역사 (2)

"유신헌법으로 대학생 집회 자체가 금지됐는데, 조국순례대행진을 허가받은 집회로 만들어 보고 싶었어요... 대학생들의 발언을 사회에 알리자는 뜻도 있었어요. 그래서 대전에서 합류하는 자리에 박정희 대통령이 와서 대학생들의 발언을 듣기로 이야기가 되어 있었는데 대통령은 못 오고 국무총리이던 김종필씨가 왔어요. 나중에 해단식할 때 언론사에서 취재를 오면 대학생들의 요구사항을 알리기로 했어요... 그 전날에는 육영수 여사가 참가 학생들 먹으라고 아이스크림 1500여개를 보내기까지 했는데, 다음날 육 여사가 문세광에게 저격을 당한 겁니다. 그 때문에 조국순례대행진은 묻혀버렸죠."

(故강대근 선생 인터뷰, 경향신문, 2009. 8. 23)

조순대의 역사 (3)

- 유네스코한위 주최로 2회(1975년)~20회(1993년)까지 운영, 1980/88년 미개최
- 통상 4~5개 순례코스 행진, 10회 및 14회 조순대는 7개 코스 운영
- 주제 : "가슴에는 조국을, 눈으로는 세계를"(4/12/13/14회), "새물결인이여 함께 가자!"(20회)
- 문화재 순례, 격전지·사적지·산업시설 견학, 지역조사(탄광촌, 산촌, 화전민촌, 어촌)
- 사회조사 활동, 현장학습, 지역학교와의 자매결연, 지역봉사 및 주민과의 대화
- 판소리, 민요, 풍물, 시조, 합창, 마당극, 향토문화 이해 등 단체활동(14회 조순대)
- (한위 자료) "20년 동안 조국순례대행진에 대한 기대의 내용이 바뀌고 우리 사회의 조건들에 많은 변화가 생김으로써 기존의 순례 형태를 극복하자는 논의가 생겨났다. 그러나 유네스코학생회로서는 조국순례대행진이 차지하는 비중이 워낙 컸던 탓에 새로운 변화를 모색하는 데 다소 늦었고, 학생 일반의 관심도 차츰 단순한 국기(克己)와 국토에보다 다양한 활동과 세계에 대한 관심으로 옮겨감에 따라 조국순례대행진은 1993년을 끝으로 역사적인 첫 장을 마감하게 되었다."

조순대의 역사 (4)

제20회 조순대 예맥도정 발대식 (1993년)

조순대의 역사 (5)

- 1994년 이후 한위 지원이 끊긴 상태에서 일부 지회 중심으로 조순대 지속 진행
- 2017년까지 한맥, 한라, 백두 등 3개 도정의 KUSA 연합활동으로 진행
- 특히 강원대, 동아대, 울산대 등 KUSA 지회의 끈질긴 노력이 인상적!!!
- 2018년 이후 일시 중단, 2020년부터 코로나19로 중단 상태 지속

- 총동문회는 2005년 공식 창립 후 재학생지원단을 결성하여 조순대 지원 검토
- 2007년 '평화의행진' 문제 등으로 내홍(內訌) 경험 후 총동문회 직접 지원 추진
- 2008년 35회 조순대 연계(한위 협조) 및 후원(당시 청풍수련원에서 합류식) 개시
- 2010-11년 40회 조순대연구특별위, 2013년 40회 조순대 기념 걷기 등 별도 추진
- 2021년 이후 총동문회 주도로 조국순례대행진 부활 추진

조순대의 역사 (6)

34회 조순대 합류식
(2개 도정, 2007년)

조순대의 역사 (7)

36회 조순대 합류식
(청년원, 2009년)

조순대의 역사 (8)

조순대의 역사 (9)

KUSA 조국순례대행진의 역사와 재추진 방안

순례의 대안 검토

순례의 대안 검토 (1)

❖ 순례의 대상

① 조국/국토 (전국 vs. 지역)

② 명승지/산하 (전국 공원 산재, 지자체 둘레길 등)

③ 문화재/사적지 (1990년대 이후 문화유산 답사 성행)

④ DMZ접경지대/전적지 ('평화의길', 평화누리길)

⑤ 관심분야 (종교, 정원, 양조장, …)

순례의 대안 검토 (2)

순례의 대안 검토 (3)

❖ 순례의 목적
① 조국 사랑
② 극기(호LI)
③ 친목/네트워킹
④ 취미/관심

❖ 순례의 주체
① 대학생(KUSA회원)
② 중장년(KUSA동문)
③ 공통 관심사??

순례의 대안 검토 (4)

조순대의 비전과 재추진 방향

조순대의 비전과 재추진 방향 (1)

❖ **조순대의 정체성**
① 대학생 단체행군과 조국애 체험
② 청년 시절의 찐~추억
③ KUSA 대학생(상대적 소수)와 KUSA 동문(잠재적 다수)의 결합
④ 일부 지회의 전통과 경험, 유네스코한위와의 연계

❖ **조순대 재개의 향후 방향**
① KUSA 대학생 스스로 결정 (주제/지역/기간 등)
② 동문회는 협조 및 지원 역할(기획 및 재정, 한위 연결 등)
③ 동문참여 행사는 별도 또는 부대 행사로 추진
④ 준비 기간, 시범행사를 거쳐 차근차근 추진

조순대의 비전과 재추진 방향 (2)

❖ **조순대의 재추진 방안**
① 2023년 시범적 추진(8.11~14, 양평 일원 행진 계획)
② KUSA 학생협회의 조순대 기획시 동문회 및 한위 협조
③ 동문회는 시니어 특성 감안, 단기/특정목적 결합 행사로 기획
④ KUSA 조순대 진행시 동문회 부대행사 후 결합하는 형태도 고려
⑤ 조순대 재추진을 위한 현 동문회 집행부의 기획력 기대!!

조순대의 비전과 재추진 방향 (3)

당신은 순례를 마쳤는가?　　　　　　아니다.
이제 다시 시작이다.

저 불빛이 사라지기 전에　　　　　　불을 위하여 술잔을 준비하라

프로메테우스를 위한 건배　　　　　헤라클레스를 위한 축배
그대 젊음을 위한 건배를 위하여　　순례의 잔에 가득 술을 따르라

저 불빛 꺼지기 전에　　　　　　　　새물결 100년을 위하여
마음을 열고 노래하라.　　　　　　　손잡고 춤추라

그리고 길에서 만난 사람들을 기억하라　순례를 함께 한 친구에게 감사하라
그리고 마중하는 사람들에게 겸손하라　모두 모두 서로 사랑하라.

끝없이 이어질 젊은 순례를 위하여!

(故강대근 선생, 2009. 8. 15. 36회 조순대 합류식)

신구차적(伸救箚的) 리더십

박권욱 (17기)

Ⅰ. 정탁의 신구차

1. 약포의 약력
약포 정탁 1526~1605

(하회 류성룡 1542~1607)(충무공 이순신 1545~1598)

출생; 예천군 용문면 금당실

사망; 예천군 예천읍(구 보문면) 고평리(高坪里), 사당 소재

우의정 1,298자의 신구차(伸救箚, 구명을 요청하는 상소문)를

伸救箚;

신구(伸救)란, '죄가 없음을 밝혀서 구한다.'는 의미이다.

차(箚); 1. 찌르다 2. 기록하다(記錄--), 적다.

3. 닿다, 이르다(어떤 장소나 시간에 닿다).
4. 차자(箚子: 상소문) 5. 공문서(公文書)

→죄가 없음을 밝혀서 올린 상소문.
→이 글은 이순신을 죽이려고 눈에 쌍심지를 켜고 있는 선조를 달랠 목적으로 썼다는 것을 염두에 두기 바람.

※ 나를 추천한 자는 서애 류성룡이며 내 목숨을 구한 자는 약포 정탁이다(이순신 난중일기 중에서).

2. 약포의 동시대 사회상

약포는 조선 선조대의 명신이다. 하회 류성룡 대감과 동시대인이다. 출생지 또한 동향인데 경상도 땅 내성천을 끼고 좌측이 하회, 우측이 약포의 산지이다. 직선거리 25리 정도밖에 안 된다. 약포가 하회보다 16년 연장이다. 충무공 이순신은 하회보다 3살, 약포보다 19년이 적다. 두 분 다 천수를 누렸는데 약포가 죽고 2년 뒤 하회가 죽었다. 임진왜란을 함께 겪으며 고군분투했다. 하회는 징비록을 남겼으며 약포는 신구차를 남겼다. 신구차적 리더십은 임진왜란 당시 나라가 풍전등화일 때 이순신을 참하려는 임금에 대하여 마지막으로 호소하는 상소문을 올렸는데 본고는 이 상소문에 나타난 불세출의 리더십 이야기이다.

Ⅱ. 신구차와 리더십

1. 죽음도 불사한 불굴의 리더십

약포는 임진왜란이 극성에 달할 때 선조 곁에서 영중추부사라는 직함(정1품)으로 보좌하고 있었다. 1597년 이순신이 임금의 명을 거역했다는 이유로 투옥되었을 때 여러 신하들이 구명운동을 하였으나 듣지 않았다. 임금은 다 물리치면서 더 이상 상소를 올린 자는 역모로 간주한다고 엄명하여 하회 대감조차도 머뭇거리고 있을 때 약포는 죽음을 무릅쓰고 마지막 상소를 올렸다. 이때 그의 나이 71세였다.

2. 악행을 교훈으로 돌리는 리더십

약포는 충무공에 대한 구원의 시작을 임금의 악행이라도 선행의 일단으로 미화했다. 옥에 가두고 문초한다는 것은 단박에 죽여야 함에도 혹시 살릴 방법이 있지 않을까 하여 고민하는 仁의 실천으로 간주했다. 이로서 국문을 하는 임금의 악행이 더 이상 악행이 아니라 仁의 발로가 되는 것이다. 일단 임금의 마음을 얻은 다음 구명을 도모하고자 한 것이다.

3. 배려의 리더십

정치의 현실은 냉혹하다. 비록 이순신이 뛰어나다고 해도 반대편이 음해하고 그것도 절대자인 왕이 특별한 목적이 있다고 하면 살아남기 어렵다. 그래서 약포는 반대 측인 서인의 환심을 사기 위해 서인 계열의 원균을 용맹함이 뛰어난 장수로 치켜세웠다. 그런 다음 이순신과 함께 왜적을 대하도록 함으로써 나라를 구할 수 있다고 주장했다.

4. 호생(好生)의 리더십

국문(鞫問)이 길어지고 심하게 되면 설사 그것이 진실을 밝히고자 하는 것일지라도 문초를 받는 죄수가 못 견디고 이내 죽고 마니 국문을 줄여야 한다고 호소했다. 그것이 본인의 지방관 시절 겪어 본 일이라고 하며 임금을 설득했다.

5. 법 적용의 유연성

당시 최고의 리더십은 영웅을 용납하지 않았다. 의병장 김덕령 장군을 이웃 고을에서 민란이 일어났다며 압송해서 옥사시켰다. 이순신도 32전 32승을 한 영웅이었지만 역모로 몰았다. 이런 사악한 분위기에 영남 의병장 곽재우는 벼슬에 제수되었으나 사양하고 조용히 초야에 묻히는 선택을 했다. 이때 약포는 전쟁 중에는 장수의 사소한 잘못에 관용을 베풀고 힘을 합쳐야 한다며 이순신을 구명하고자 했다.

III. 결론

약포는 임란이 끝나고 7년 뒤에 내성천이 흐르는 예천읍 고평리에서 저 세상 사람이 되었다. 그를 그리워하는 후손들이 내성천이 한눈에 보이는 고평리 언덕에 사당을 지어 오늘에 이르고 있다. 임란 당시 목숨을 걸고 올린 신구차 1,298자(字)는 약포집에 실려 있다. 새물결운동이란 한마디로 말하면 정의로운 사회, 아름다운 사회를 만들자는 것이다. 신구차는 폭군이라는 절대자 앞에서 어떻게 하면 한 장수를 살릴 수 있는가 하는 데 그치지 않고 어떻게 해야 정의로운가? 어떻게 하면 아름다운 사회를 만들 수 있느냐? 하는 데 좋은 시사점을 던져 주고 있다.

우리의 순례 이야기

첫
스물

손태희 (25기)

3월의 비 오는 주말이었다.

친지의 결혼식이 있어 청주에 갔다가 귀갓길에 그 도시에 살고 있는 친구에게 문득 전화를 걸었다 안부와 친구들과의 여행 계획 얘기를 나누다 "너 조국순례대행진 다녀왔지? 올해가 조국순례대행진 50주년인데 '순례 이야기' 기념책에 실을 글 한번 써볼래?"라는 얘기에 글 잘 못쓴다고 거절을 하면서 "생각은 해볼게"라고 대답은 했지만 기억은 벌써 20살 그때로 달려가고 있었다. 고1이었던가 아님 고2였던가 국어 교과서에 "조국순례대행진을 다녀와서"라는 논설문(?) 형식의 글을 배우고 나서 나도 대학에 가면 '저기 꼭 가야지'라고 생각을 했었다. 대학에 입학하고 아직 찬바람이 가시지 않은 그 3월에 신입생을 모집하는 서클 홍보에 여기저기 기웃거리다 KUSA에서 조국순례대행진을 간다는 걸 알게 되었고 지극히 단순한 동기로 KUSA라는 서클에 발을 들여놓게 되었다.

그해 여름 8월 1일부터 15일까지 장작 보름에 걸친 순례길에 오르게 되었다. 제3도정 "무실"은 강대근 교수님 지도 아래 여수에서 출발하였고 동기 남 3, 동기 여 1, 2기수 선배 남 1로 6인의 조였다. 여수에서 남해 섬진강을 따라 진주역에서 밤기차를 타고 수원역에 내려 이천 젊음의 집으로 가는 일정이었지만 지금은 그저 기억이 가물가물하고 소소한 몇 가지만 생각난다. 순례 동안 우리 조 남동기들과 냉전도 있었고 충북대에서 온 옆 조와 친하게 지내기도 했었다 어느 날 밤 태생이 경상도인 우리 조는 얘기를 나누고 있었는데 다음 날 충북대 동기 남학생이 "너희들 지난밤에 싸웠어?"라고 하여 "아니 그냥 이야기 했었는데.."라고 대답하고는 한참을 웃었었다. 어느 곳에선 다른 순례자들보다 일찍 도착하여 몰래 샤워 한 번을 더 했던 일, 섬진강 활터에서 쉴 때 며칠 전 이곳에서 익사 사고가 있었다는 말에 섬찟했었던 일, 마지막 날 우리를 데리러 온 학교 버스를 보며 다른 학교 버스와 비교해 훨씬 좋아 어린 맘에 뿌듯했던 일도 생각난다. 그리고 출발 전 조국순례대행진에 참가하겠다고 했을 때 식구들의 뜨악했던 표정과 순례를 다녀오니 집이 이사를 했던 것도 기억난다.

　순례에 대해서 나는 조국, 땅, 거창한 동기나 의미는 없었다. 다만 20살의 나를 시험해 보고 싶었다. 도시에서 나고 자라 순탄하게 살았고 이런 기회가 아니면 순례는 할 수 없었을 테니…… 대견히 나는 순례를 잘 견뎌주었다. KUSA 서클 생활하면서 가장 기억에 남는 건 당연히 조국순례대행진이었고 지금 생각해도 순례를 다녀온 건 나의 탁월한 선택이었던 것 같다. 글을 쓰는 지금 문득 그때 함께했던 선배님들, 동기들이 궁금해진다. '다들 잘 살고 있겠지……' 머지않은 날 세 번째 스물을 맞이할 나는 햇살같이 반짝였던 첫 번째 스물의 그때가 그립다.

조국순례대행진 제50회
유감(有感)!

권오철 (13기)

　조순(祖巡)하면 먼저 가슴이 뛴다! 그것은 젊은 시절의 추억에 고통이라는 단어가 붙어 있기 때문이다. 조순대의 캐치프레이즈 중 '스스로 택한 고통의 길을 즐거이(?) 가면서…'라는 말이 가장 인상에 남는다. 조국순례대행진은 1974년 유네스코한국위원회의 젊은 쿠사 출신 간사들의 아이디어에서부터 출발한 것으로 안다. 그 당시 1기 선배라 해봐야 기껏 20대 후반이고 이후 유네스코의 한국위원회의 직원이 된 것이다. 여기서부터 문제의 시작이 되는 것이다.
　후에 갈등은 되짚어 보면 그들은 직장인이고 생활인이었다는 것을 서로 이해하지 못한 탓도 있다.
　1974년 당시에는 김종필이 총리로 있고 일명 유신체제의 중간 갈등기이고 정착이 필요한 시점이나 워낙 거센 민중의 반발에 박정권이 주춤하던 시기이기도 하고, 미국 카터 정권과는 박동선 사건 등 최악의 갈등 상황이고, 美의 박정희 축출 시나리오가 횡행하던 시기였다. 이즈음 나름 학생 문제에 있어 안정을 위한 프로그램의 성립도 생각하였을 것이다. 1974년은 겨우 서울농대 김상진의 죽음을 통한 저항이 유일한 정도였다.

당시 4년제 대학생은 동년배의 3% 정도에 불과한 소위 엘리트 의식과 민중선도에 대한 의무감을 가진 선택(?)된 인물군이기도 했다. 그래서 농촌활동도 '농촌봉사'라 불리우고 있고 철저한 통제로 한 개 面 단위에 한 개 학교가 里 단위로 나누어 투입되고 학생과 직원이 통제하고 정보부에 보고하는 그런 시절이고 지도교수 인사말도 셀프 녹음하는 엄혹한 시절이었다.

이 글은 참가 내용의 기억을 살려서 남김으로써 나중에 자료로 삼기로 하고, 순전히 기억에 의존하니 正誤는 나중에 따지기로 하자! 늘 역사에 있어 거짓이든 진실이든 그 시대의 실제 본 것은 매우 중요한 일차 자료이기 때문이다. '진실'은 수식어 없는 '리얼리티' 속에 있기 때문이다.

1회는 김종필 총리가 축사를 하는 등 그랬다고 하고, 합류하는 날에 육영수 사망 사건, 지하철 1호선 개통 등의 스토리가 전개되기도 하였다. 경비의 대부분은 유네스코가 지원한 것으로 알려져 있다. 즉 당시 학심(學心) 무마용 행사였다고 본다. 그러나 그 기획, 진행 등은 모두 쿠사인에 의한 것이고, 그 유니폼은 아직도 레전드이다. 부활을 기대한다.

2회는 학교 봉사활동과 겹치고 여러 복잡한 문제가 있었고, 나는 당시 학교를 안 다니려고 도서관에만 가고 수업은 안 가는 실정이고 쿠사는 이미 날라리들의 모임이라 배척한 지 오래된 시점이라 몰랐다. 나중에 들으니 1개조 5명만 참석했다고 한다.

3회 조순대 전과정 참가는 그 집결지가 고향 安東이어서 더욱 의미가 깊었다. 영월 온달산성 출발인데, 그때는 차도 별로 안 다니고 큰길을 통제하기가 쉬웠다. 다만 1, 2회 때는 군용 텐트에 10일치 식량을 다 싸 가지고 갈 정도로 우둔하기도 하였다고 한다. 특히 청색 미군용 텐트는 그 무게만도 어마무시하였다. 조(組)는 5인을 1조로 하고 2학년이 리더, 4학년은 있어도 고문관격, 그리고 1학년이 1-2인 들어간다. 남녀 각 2-3인씩이다.

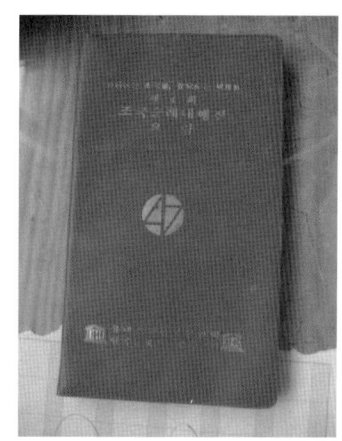

오전 20km 정도 3-4시간 행군인데, 앞에 가면 쉬우나 뒤에 따라가면 노상 따라가는 신세가 된다. 앞에서는 두 번째 리더급이 끌고, 맨 뒤는 첫 번째 리더급이 처지는 대오를 수습한다.

산길은 1개 도정 400명 정도가 훑고 나면 길이 그냥 생긴다. 앞에서는 큰 쇠막대기나 낫을 들고 개척하기도 하였다.

점심은 지나는 길의 초등학교 교정을 이용하고 숙소도 방학 때이니 그리하였다. 4개 도정 1,600명 정도가 모이면 대단한 인원이다. 3회는 안동 낙동강 변에서 8월 15일 모임을 하고 오후에 해산하여 각자 귀가하는 형식인데, 당시 우리 집에 우리 학교 학생 40명 정도를 모아 식사를 한 기억이 있다.

그리고 해산 후 상경 전 당구장에서 몇 명이 차 시간 기다리다가 당구를 치는데 네댓 살 주인집 꼬마가 호루라기를 불자 급거 어떤 형이 큐대를 내동댕이치고 주인과 언쟁이 붙어서 내가 '조순대 멤버로 통제하는 호루라기 소리에 스트레스를 받은 트라우마가 있어서 순간적으로 그렇다!'라고 이해시킨 기억이 있다.

4회는 도정장(중앙위의장)으로 가면서, 지도간사등과 갈등 등 여러 가지 문제가 있었다. 구호가 **'가슴에는 조국을 눈으로는 세계를……'**인데 십수 년

뒤 북한의 구호도 그런 게 나와서 이걸 모방한 게 아닌가 생각도 해보았다. 이때는 이천 연수원에 모여서 1박 하고 다음 날 합류식을 하였다. 당시 도정장 보고는 문교부장관(황산덕)에게 하는데, '산 넘고 물 건너……' 등 그 길이가 매우 길고 명문장(?)으로 나름 작성하여 지루하게 하였다. 그런데 나도 잘 써서 가지고 외우기도 하였다. 그런데 당일 날 그 문서도 잃어 먹고, 막상 서니 생각이 나지 않아서 순간적으로 '제O도정 OOO명은 OO에서 OO까지 순례의 길을 스스로 택한 고통의 길을 묵묵히 걸어와 무사히 도착했음을 보고 드립니다.'라고 하니 아주 짧아서 좋았다는 평가였다. 안 그래도 보름 동안 걷고 피곤한데 간단히 해치우니 그런 것이었다. '어디서 그런 아이디어?' 물어서 소이부답(笑而不答)! 실은 그게 아닌데…….

7회는 복학하기 전 마침 고향 인근 義城에서 출발하는 것이었다. 6회 때는 휴가 와서 안동 동부국민학교에 숙박하는 순례단을 맞은 기억도 있다. 그것은 4회 당시 갈등을 빚은 선배가 인솔자여서 더욱 의미 깊었다. 그런데 출발 전일 한 사람이 의성역전에서 다쳐서 입원하여 밤을 새는 등 해프닝이 있었다. 군대 시절 하사관학교의 훈련시 밤새 걷는 일이 더러 있었는데, 조순대의 경험이 매우 유용했고, 특히 발 따주는 일은 매우 능숙하게 해주고 걷기 지도, 행군대열 유지, 낙오자 처리 등 뭐든지 실전 경험이 중요한 것이다. 이때는 복학생은 예비군복 하의에 군화를 신고 다녀서 티를 내서 문제점으로 지적받기도 했다. 습관이 군화이니 나름 편하긴 했다.

그리고 후에 회사에 입사해서 당시는 일본식 기업훈련이 유행하여 '총

력전진대회'라고 해서 특히 제약사(종근당) 영업사원들은 이런 식으로 강행군을 했다. 2일 정도 산길을 걷는 건데, 이때도 조순대의 경험이 별 어려움 없이 행사를 치루도록 해주었고 행사를 주도하는 입장이 되기도 하여서 나름 의미

가 있었다. 구호를 만들고, 팀명을 정하고 노래 개사! 그리고 행진의 호흡 조절, 통제 등도 가능했다. 이후 무슨 '박카스 부대' 행사로 되었다는 것도 우연은 아닌 것 같다.

처음 하루는 가볍게 넘고, 둘째 날은 조금 고통이 오고 발가락에 물집이 조금씩 생기고 사흘째에 가장 큰 고통과 갈등이 온다. 이 고비를 넘기면 그냥 자동적으로 기계적으로 몸은 앞으로 가고, 배낭이 없어도 몸이 앞으로 굽어져 걷는다. 그리고 마지막 이틀에 또 고비가 오는데 이를 잘 넘기면 그냥 합류식으로 온다. 열흘의 여정은 이렇다.

그 뒤 조국순례대행진은 흐지부지되어 갔는데, 80년대 중반, 짐을 정리하다가 나온 새물결지 뭉치, 유인물, 조국순례대행진 자료, 일지 등등을 후배에게 자료로 활용하라 주었다. 그런데 이것이 90년대 운동권의 극렬화와 쿠사의 운동권화가 급속히 되면서 구시대 유물로서 소각 처리되거나 일실되었다고 듣고는 격노한 적이 있다. 뭐든지 자료는 중요하다. 인문학 연구에서도 보면, 당시 목격자의 생자료가 최고이다! 그가 기억이 희미하던 고의로 왜곡하던 상관없이 가장 좋은 판단의 근거가 된다. 불경에 석가모니와 살을 맞대고 들은 여시아문(如是我聞)이 최고의 것이고 가치 있는 것이다. 후에 만든 경들은 아무리 고급스런 말로 치장을 해도 진실성이 떨어진다.

모순! 그것도 일종의 자업자득이기도 하지만 말이다. 75년에서 78년은 소위 유신(維新)의 전성시대이고 모든 것이 상상을 초월할 정도의 통제사회였다. 朴정권도 이젠 무지막지한 종말만을 향해 갈 수밖에 없는 상황이었다. 78년도 모종의 일로 결국 유네스코 위원회와 어정쩡한 타협을 하고 입대 당하고 말았다. 74년 육영수 사망으로 일정 위기를 벗어나자 인혁당 법살에 민청학련까지 엮였지만, 더욱 반발이 거세자 75년에 대대적 데모에 베트남 패망과 함께 휴교령이 내리고, 학도호국단 창단과 학생 병영체험 의무화 등등 초강수로 가는 것이다. 여기서 장준하 의문사 사건도 1975년 여름에 일어난다. 여름방학 기간이라는 건 매우 묘한 날짜이다.

각설하고 그러면 조국순례대행진의 의미는 무엇인가?

행진과 단체생활은 조직의 공고화를 가져왔고, 이것이 주는 단결효과는 매우 크다. 그것이 어떤 부정적인 동기에서 출발했다고 하더라도 말이다.

걸으면서 무슨 생각을 하고 그것은 어불성설이다. 걷다 보면 몸에 지닌 수첩도 무거워서 버리고 싶을 정도이다. 그러나 그 고통의 순간을 넘어가는 고비마다 새로운 힘이 솟는 것은 매우 중요한 경험이다.

이제 조순대(祖巡大)는 쿠사의 상징적인 행사의 하나이니 이의 부활을 위한 노력을 경주해야 할 것이다. 상황 변화로 굳이 열흘씩은 아니어도 최근 생긴 도보 전용 산길이 많으니 이를 이용하고 시내 도로 이용은 아주 적게 하면서 이벤트 위주로 하고 현지 쿠사인들이 수시로 들락거리며 참여하고 지원하는 그런 행사가 된다면 좋을 것이다.

물론 번잡하긴 하지만 전자적 통제장치와 드론, 차량의 발달 등은 이런 문제점을 잘 커버해 줄 것이다.

그리고 비용은 일부 중앙정부와 지방정부의 도움을 받기도 하지만 이제 10만 쿠사인의 역량을 재구성하여 하나의 조직으로 활성화한다면 별로 어

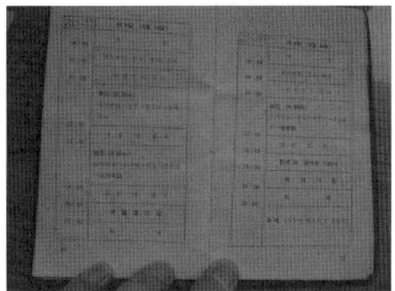

려운 일이 아닐 것이다.

'새물결'이 종교단체의 구호로 가고 잡지는 관변 단체(?)의 잡지명으로 뺏기고, 조순대도 특정 기업의 선전장이 된 것도 다 자업자득이다. 이제 **10만 새물결 쿠사인** 63년의 연륜이면 다 헤쳐 나갈 수 있지 않은가? 이제 그 뜻을 기리는 한시 한 수를 올린다.

祖國巡禮大行進讚

2023년 50回 조순대날 진허 권오철 吟

祖先土走忍中尙 조상의 땅을 인내 속에서, 묵묵히 걸어가며
國體民生憶史蒼 나라와 국민을 생각하고, 역사를 생각하네
巡聖路程雖險經 성스런 길 순례하니, 험난하지만 가야 하고
禮風範往揣懷昌 예절과 풍속을 본받으며, 번영을 염원하네
大韓裔想成鑑曜 대한의 후예, 역사에 빛나는 본보기가 되어
行虎如思愼重當 비호처럼 실천하고 행동은 신중해야 하니라
進展限無回甲到 무한히 걸어온, 세월이 육십 년이 넘었으니
讚輝新浪傳信長 빛나는 '새물결', 그 가치, 오래 전해야 하네

1987년,
뜨거웠던 여름의 추억

김현숙 (25기)

　순례 준비로 일주일이 바빴다. 개인 용품 챙기고 공동 용품도 챙기고……. 준비하고 나면 별거 없는데 괜히 모여서 준비한답시고 시간만 보냈다. 첫 순례 참가는 두근거림과 설렘이 있었다. 순례 갔다 오면 인간성이 다 보인다, 싸워서 말도 안 하는 팀들이 있다는 등 순례를 먼저 다녀온 형언니들의 무용담을 귀에서 피가 날 정도로 들은지라 우린 그러지 말아야지 했다.

　그리고 숙영지에서 받는 편지가 얼마나 좋은지 모른다고 했다. 주변 사람들이 엄청 부러워할 거라고.. 정말 그랬다. 친구 덕분에 마이크를 통해 '김현숙'이란 이름이 매일 불려졌다. 우편물 찾아가라고……ㅎㅎ 지회 형언니들도 편지 한 통 안 올까 봐 걱정되었는지 아님 편지 한 통의 기쁨을 누려 본 자여서인지 격려의 편지를 보내왔다. 나는 4(합창)도정에서 가장 많은 편지를 받았다.

1학년 동기들로 구성된 우리 조원들은 살갑지는 않아도 각자의 자리를 지켜 주는 든든한 동기들이었다. 창숙이와 나는 조리 능력이 또래에 비해 조금 뛰어났다. 화려한 메뉴는 아니어도 매끼 새로운 메뉴로 식사가 가능했다. 시간이 지나면서 우리 조를 부러워하는 형, 언니들도 있었다. 걷는 것만으로도 힘든데 행진 시 선두에 서서 목이 터져라 행진가를 부르고 중식지와 숙영지에 도착하면 후다닥 식사 준비를 했다.

　경상도 가시나 특유의 억양과 사투리도 나름 인기가 있었고 우리의 말을 따라 하기도 했다. 나름 인사성이 얼마나 바른지 '밥 무쓰예'를 입에 달고 다녔다. '밥 무쓰예'라고 하면 다른 이들도 '밥 무쓰예'를 따라 한다. 내 귀에는 전혀 똑같지 않은 '밥 무쓰예'… 정감이 많이 가는 말인가 보다. 십여 일을 걷고 나면 얼굴은 구릿빛이고 발바닥은 물집으로 실이 너들너들 거린다.

　8월 14일 합류는 다른 도정에 참가했던 참가자들을 만날 수 있어 좋았지만 대구대는 더 특별한 만남들이 있었다. 대명시장에 있는 '대덕KUSA' 식당 아줌마(명예 회원)와 함께하는 후발대와의 만남이 있었다. 합류식 전날 아줌마는 지회의 형언니들과 이천에서의 1박 2일에 필요한 준비를 하고 순례로 지쳐 있을 우리들을 위해 맛난 음식을 바리바리 싸 오신다. 아줌마와 대구대KUSA의 인연이 아주 깊다. 가게 문을 닫고 창립제, 체육대회, 페스티벌 등 학교 행사에 함께했다. 지금도 대덕 아줌마의 근황을 물으며 추억하는 이들이 많다.

　광복절 기념식을 마치고 순례 참가자들과 마지막 인사를 나눴다. 눈물을 찾아볼 수 없던 나였는데 어느새 얼굴이 젖어 있었다. 후발대 참가자들은 잘 모르는 우리만 아는 눈물 그리고 눈물의 의미……. 한참을 부둥켜안고 울고서야 버스에 올라 대구로 향했다.

경부고속도로를 달려 금강휴게소 도착하고 걸어서 다리 아래로 내려갔다. 금강에서 초망을 던져 피라미를 잡고 있는 이도 있고 낮잠을 즐기는 이도 있었다. 우린 그 옆에서 대덕아줌마 주도로 점심을 준비했고 변죽이 좋은 형들은 낚시를 하는 어른들에게서 피라미를 구해 왔다. 그 피라미는 밀가루 옷을 입고 기름에 퐁당……. 어느새 우리 입으로 들어왔다. 처음 먹어 보는 피라미 튀김 맛을 잊을 수가 없다. 형들은 먹이겠다고 나는 못 먹는다고 내숭을 떨었지만 결국 내 입으로. 그 맛은 황홀했다.

순례를 마치고 각 도정별로 내기라도 한 듯 대구를 방문했다. KUSA 오빠를 둔 덕분에 오빠 동기인 23기 형들을 가장 많이 만난 것 같다. '대구에 누가 떴다'라고 얘기가 들리면 모르는 형, 언니일지라도 오지랖 넓은 동기 언니들과 함께 형들을 만나러 갔다. 대구대는 언니들이 대외적으로 더 적극적이었다. 특히 25기 언니들ㅎㅎ.

1987년 4(합창)도정에 함께했던 춘석이형, 종철이형, 진호형, 희순언니, 그리고 뜨거웠던 여름에 함께 도정을 빛낸 형언니들~~ 그때가 그립고 많이들 보고 싶습니다.

내 삶의 등대가 되어 준 동아리 활동

전진선 (17기)

새물결운동 유네스코학생회! 이름만 들어도 가슴이 벅차다.

1979년 3월, 45년 전 스무 살의 청년은 새로운 세상을 발견했다. 고등학교 사회 과목에서 보았던 국제 평화·자유를 사랑하는 UN. UNESCO는 내게 각인되어 있었나 보다.

유네스코학생회의 문을 두드린 이후 3년간을 최선을 다해 동아리 활동을 하고 27개월의 군복무, 32년간 경찰에서 직장 생활을 하고 지금은 양평군수에 당선되어 지방자치 정치를 하면서 내게는 유네스코학생회가 전부인 것 같다.

집회를 시작하면서 낭독하는 새물결운동헌장은 지금 들어도 가슴 뭉클하다.

자각, 탐구, 대화, 이해, 협동, 실천 등의 이념을 바탕으로 혼자면 독서, 둘이면 대화, 셋이면 합창이라고 하는 새물결운동.

마음의 벽을 허물고 흩어진 힘을 하나로 모아 지역사회 발전에 이바지함으로써 인류의 이상을 실천하는 새물결운동.

젊은 세대의 역할을 깨달아 건실하고 진취적인 가치관을 확립하자는 새물결운동

그리고 동아리의 주요 활동인 조국순례대행진과 농촌 봉사활동, 오지낙도 어린이를 서울에 초청 견학시킨 일, MT, LT 등 모든 것이 내게는 성장의 밑거름이 되었다.

연합 활동의 시작은 1979년 여름 제6회 조국순례대행진 4도정으로 기억된다.
전남 장성에서 시작하여 전주신흥고등학교까지 녹두장군 전봉준의 동학혁명 길을 걸었다. 내겐 지식, 탐구, 대화, 협동, 이해, 실천을 실행하는 계기가 되었다고 기억된다.

조국순례대행진과는 또 한 번 인연이 만들어졌다.
경찰에 입직한 지 얼마 안 되어 내가 강릉경찰서 경포파출소장으로 재직하던 1987년 8월 조국순례대행진 7도정인 청학도정이 경포초등학교에서 출발하는 것이 아닌가? 직장 생활 초년생인 나는 또 한 번의 대학 생활을 만끽할 수 있는 기회를 맞게 된 것이다.

초등학교장과 협의를 하여 후배들이 출발 장소로 사용 승낙을 받아 내며 협상 기질을 발휘해 나갔다. 그런데 집결하는 날 폭우가 내려 운동장의 텐트가 잠기는 비상사태가 발생하여 참가자를 강당으로 대피시키고 다음 날 출발 대열의 선두에 서서 후배들을 에스코트하면서 유네스코학생회 출신의 자부심과 후배들에게는 희망을 주며 사회생활을 시작할 수 있었다.

그 후 32년간의 경찰 생활 동안에는 물론이고 지금 군수가 되어서도 새물결운동과 조국순례대행진의 가르침과 교훈은 지속되고 있다.

존경하는 선배님과 자랑스런 후배님!
용솟음치는 2024년 용띠 해, 유네스코학생회의 용솟음을!!
함께 만들어 갑시다.

저항과 희망의 꽃
조국순례대행진

이기훈 (25기)

38년 전 대학에 입학을 하고 첫 등교를 하던 날

교문 입구에서 아직은 알아듣기 힘든 구호를 외치며 머리에 피를 흘리며 저항하는 학생들과 사복 경찰의 모습을 목격한 것이 첫 기억이다.

수업을 위해 바삐 강의실로 가는 학생들의 수군거리는 소리를 들으며 잠시 시간이 남아 학생회관 매점에 들러 커피를 한잔하며 복잡한 심정을 달래고 있었다.

KUSA라는 서클은 몰랐지만 고등학교 때 우연히 9시 뉴스를 보고 가슴이 설레었던 조국순례대행진에 참가를 할 수 있다는 선배의 설명을 듣고 바로 가입을 하게 되었다. 고등학교 때 산악부 활동을 했기에 더욱 관심이 컸었다.

신입생 오리엔테이션 등을 참가하면서 IYC, 윈터스쿨 등에 대한 내용을 알게 되면서 점점 더 KUSA의 매력에 빠져들어 갔다.

1987년 학기 내내 수업 거부 등으로 혼란한 가운데 제14회 조국순례대행진 제4도정 금강도정에 참가를 하였다. 거제도에서 출발하여 충무, 마산을 거쳐 청년원에 가는 도정이었는데, 근 보름간 바닷가를 일주하는 경로가 마음에 들어 선택을 하였지만 그리 녹록하지는 않았던 기억이 난다.

　대구에서 근 5시간을 시외버스를 타고 거제도에 소재하는 초등학교 숙영지에 도착하였는데, 정해진 시간보다 늦게 도착하였다고 하여 도정장님과 지도 선배에게 한바탕 얼차려를 받고 텐트를 치고 저녁을 먹었다.

　우리 도정은 합창도정이었다. 합류식에 발표할 합창 발표 준비로 하루 종일 뙤약볕에 걷다가 저녁에 숙영지에 도착하면 저녁식사를 마치고 피곤한 몸을 이끌고 합창 연습을 하였다. 발에 물집이 잡혀 슬리퍼를 신고도 그 먼 도정을 끈질기게 걷던 언니, 성악을 전공하여 합창 연습 중 솔로로 꾀꼬리 같은 음색으로 하루의 피로를 달래 주던 언니도 있었다. 거제도의 아름다운 풍경은 내륙에 살던 우리에게는 참으로 신선한 이미지로 다가왔다. 그리고 전국 여러 지회에서 모인 형언니들과 새물결운동이라는 주제로 교류를 하는 즐거움도 참으로 컸다.

　약 일주일 정도 거제도를 한 바퀴 돌고 거제대교를 건너 충무시로 가던 중 충무시 측에서 조국순례대행진 참가 학생들의 통과를 불허한다는 소식을 듣게 되었다. 참으로 황당하기 그지없는 이야기였다. 대학생 수백 명이 충무시에 들어서게 되면 시민들이 불안해하거나 큰 소동이 일어날 수 있다며 절대 단체로는 통과할 수 없다는 뜻을 강력하게 보였다. 결국 도정장님께서는 개별적으로 충무시를 통과하여 고성에 소재하는 숙영지로 모이는 결정을 하였다.

　고성에서는 고성오광대 민속춤 전수자들의 공연도 보고 향토사학자들의 강연도 재미있게 들은 기억이 난다. 마산시에 진입할 때는 마산시민들이 나와서 큰 환영을 해주셨다. 우리가 지나는 도로변에 시원한 음료수와 간식을 준비해 일일이 학생들에게 나누어 주시고 숙영지에는 저녁에 지역 의사분과 간호사분들을 보내셔서 간단한 상처 등을 치료해 주시기까지 하였다. 마산에서 이천까지는 기차를 타고 이동을 하였는데, 여기서 또 큰 소동이 벌어졌다. 어떤 진상 승객들이 학생들 행색이 너무 지저분하고 땀 냄새가 심하니 한곳으로 모아 태우고 소독제를 뿌리기까지 하라고 승무원에게 심하게 항의를 하였다. 술 냄새를 심하게 풍기던 그 승객들에게 자식이나 조카 같은 학생들이 약 보름간 도보행진을 하여서 그러니 이해를 해달라고 도정장님과 승무원들께서 부탁을 하였지만 난동에 가까운 항의를 하여 기차는 한동안 정차를 하고 좌석을 새로 정리한 후에 출발을 하였다.

수원역에 새벽에 도착하여 우리 도정은 새벽안개 길을 걸었다. 안개가 자욱한 새벽길을 걷는 것도 색다른 경험이었다. 그 먼 도정을 걷고 걸어 마지막 합류지인 청년원에 드디어 도착을 하였다. 전국에서 모인 7개 도정의 순례 참가 형언니들과 합류행사 참가 형언니들은 약 4천명 정도가 된다고 하였다. 합류 행사도 참으로 장관이었으며 젊은 청년들의 기상과 열정을 한껏 누릴 수 있는 기회였다.

그 당시 우리는 학교 생활이 참 힘들었다. 학교 교문은 항상 최루탄 냄새로 가득하였고 사회 문제는 언제나 젊은이들을 고민과 절망에 휩싸이게 하였으며 그 출구는 과연 있을까 하는 생각으로 가득하였던 것 같다.

젊은이의 이상, 기백 같은 그 아름다운 열정에 대한 억압과 폭압은 혹시나 영원하지 않을까 하는 불안감은 우리를 얼마나 무기력하게 하였는지 모른다. 그에 대한 저항과 희망의 꽃이 조국순례대행진이 아니였을까 하고 생각해 본다. 그 이후 몇 년간의 곡절을 겪은 조국순례대행진의 명맥은 이런저런 이유로 끊어지고 그 아름답던 기억은 추억에만 존재한다.

수십 년이 지난 지금 우리의 청년들은 어떤 고민을 하고 있을까, 그리고 그를 이끌어 갈 방법은 무엇일까?

세대의 선순환을 위한 새로운 문제와 그 해결방안은 기성세대와 신세대 간의 협력과 세대 간의 사회적 동의가 필요하다고 판단된다. 새물결 100년은 지성을 바탕으로 그러한 문제의 대안으로 대학과 사회에 가장 위대한 철학으로 자리를 잡아갈 것이며, KUSA는 그를 이끄는 가장 열정적인 단체로 대학에 자리매김을 할 것으로 기대를 한다. 저항과 희망의 꽃이었던 조국순례대행진의 대안은 KUSA인들이 함께 고민할 과제라고 생각을 한다.

그 위대한 시간의
대행진

김정숙 (14기)

    1977년 8월, 유네스코학생회가 주관한 '조국순례대행진'에 참여했다. 그때 나는 대학교 2학년이었다. 7박 8일 동안 경북 문경새재에서 경기도 이천까지 걷는 조령팀의 일원으로 젊음을 불태웠다.
    "가슴에는 조국을, 눈으로는 세계를!"이란 표어가 아직도 뇌리에 생생하다. 낮에는 걷고, 밤에는 캠프파이어의 낭만 속에 함께 노래를 불렀다. 당시 유행한 노래, "가는 세월 그 누구가 막을 수가 있나요?", "가방을 둘러멘 그 어깨가 아름다워." 등등. 그때 불렀던 노래들은 내 나이 60대 중반인 지금도 간혹 흥얼거려진다. 그럴 때면 '조국순례대행진'을 떠나던 장면이 자연스레 떠오른다.
    마지막 날, 경기도 이천 OB맥주 공장 견학을 하며 시원한 생맥주를 한 잔씩 마셨던 기억이 난다. 마지막 합류지에서 행사를 마쳤다. 몇 군데 구멍이 났던 내 운동화가 감동적인 수료증이었다. 딸에게 조국순례대행진

이야기를 하면 이상하다는 표정을 지으며 묻는다. "엄마, 그때는 나이키 신발 없었어? 좋은 신발 신고 가지." 그런데 그 구멍 난 신발은 바로 버렸지만 평생을 간직해야 할 흔적을 가졌다. 바로 왼쪽 발톱이 거의 빠질 상태가 되었고 다시 자라면서 비뚤어진 모양을 하고 자란 것이다. 역사는 흔적을 남긴다고 했다. '조국순례대행진 1977'은 내 발가락에 써준 소중한 역사였다. 그리고 그 보이는 흔적보다 희미하지만 내 가슴에 곱게 남아 있는 흔적이야말로 그 어떤 훈장도 부럽지 않다.

그랬다. 내 젊은 날 최고의 여행! 그건 정녕, 가슴에 조국의 의미가 새겨지고, 눈을 들어 세계를 바라보는 시간의 시작이었다. 그리고 그 위대한 시간의 대행진은 46년이 지난 지금도 내 삶의 시간 속에서 이어지고 있다.

내 평생
잊지 못할 일

고 강대근 (6기)

나는 1974년부터 줄곧 유네스코한국위원회에서 일해 왔다. 이직을 생각하지 않는 것은 대학 시절 선배에게 들었던 일생일업(一生一業)이라는 말의 감흥이 남아 있기 때문이기도 하다.

그 당시 유네스코 학생활동은 좌절과 방황을 딛고 희망과 보람을 가꾸는 일이었다. 그중에서 특히 잊지 못하는 것은 서울 오류동의 수녀원과 함께 '조국순례대행진' 행사를 기획하고 진행한 일이다.

비상조치와 유신으로 얼룩졌던 1970년대 초.
대학생들과 모든 집회는 신고와 허가를 받아야 했고 군사정권에 저항하는 학생운동은 늘 억압 속에서 신음했다.
74년 2월 어느 날로 기억된다.
우리는 학생운동의 방향을 잡고 자유로운 집회가 가능한 방안에 대해 논의했다.

나는 전혀 새로운 형태여야 하고 학생들 자신에게도 의미 있는 경험이 되어야 한다고 생각했다. 그래서 제안한 것이 '조국순례대행진'이었다.

그때부터 나는 매년 여름이면 학생들과 함께 백두산까지 걸어갈 날을 그리며 도보 순례에 나섰다. 순례 도중에 쓰러지는 학생들의 모습에 안타까워하기도 했지만 다시 일어나는 그들에게서 희망을 보았다. 뜨거운 여름 태양 아래 순례자의 길을 걸었던 우리는 밤이 되면 대학의 미래에 대해 토론했다. 그리고 또다시 날이 밝으면 피곤한 몸을 일으켜 세워 배낭을 꾸리고 극기와 도전의 축제인 순례를 시작했다.

'조국순례대행진'은 고등학교 국어 교과서에 실렸고 비슷한 행사가 기획됐다. 전국에 '도보순례길'이 생기기도 했다. 이젠 행사의 규모가 작아지긴 했지만 유네스코학생 회원들은 매년 여름이면 순례에 나선다.

나는 지금도 함께 걸었던 젊은 순례자들을 잊지 못한다. 땀 흘리며 직접 느껴 본 우리의 땅과 하늘, 시골길에서 쏟아지던 소나기와 산등성이에 불던 바람, 숙소인 한 초등학교 운동장에서 한 밤샘 토론, 쓰러지는 친구를 보듬어 안던 기억, 분단의 아픔으로 더 이상 다가갈 수 없는 길에 대한 그리움, 폭우로 길이 끊겨 새로운 길을 만들면서 두려움을 이기려고 부르던 노래, 기나긴 도보 순례를 마치고 난 후에 흘린 성취와 보람의 눈물… 이 모든 것을 잊을 수 없다.

순례의 길에서 얻은 청년에 대한 기대와 믿음은 지금까지도 나의 일상에 살아 있다. 난 청년에 희망을 걸고 산다.

〈한국일보〉 기사 글에서 _ 2002. 03. 25.

조국순례대행진,
여전히 뜨거운 여름

— 용봉골에서 이천까지

한은미 (20기)

25년 전, 고창읍성의 넓은 뜰엔 하늘색 티셔츠를 입은 대학생들이 회색빛 모자를 눌러쓰고 줄지어 서 있었다. 아침 7시, 8월의 태양은 뜨거운 화살을 내리꽂기 시작했고, 그 광선을 등지고 방송국 카메라들이 취재로 분주했다. 인솔자는 여학생들 앞에 서서 각자의 손에 지급받은 알 소금 한 움큼을 입에 털어 넣고 목구멍으로 넘길 때까지 지켜보고 나서야 다음 줄 순번으로 넘어가며 한 사람씩 태양에 그을리기 전의 간 맞추기를 하고 있었다.

그 여름 보름간의 '조국순례대행진'에 참여한 전국 600여 대학생들이 경기도 이천을 바라고 여러 경로에서 동시에 출발하는 첫날 모습이다. 개회식이 진행되는 도중 단상을 향해 줄 서 있는데 점차 태양빛이 흐릿해 보이는가 싶더니 울려 퍼지는 마이크 음성이 멀어졌다. 눈을 떠보니 병원 구급차가 보였고, 난 그 옆 큰 고목나무 그늘 아래에서 들것에 누운 채 출발도 하기 전에 저세상에 잠깐 다녀왔던 것이다.

올 여름에는 40도가 넘는 이집트로 향하면서 25년 전 내가 내딛었던 걸음을 이어서 밟고 있는 젊은 대학생들의 국토대장정 행렬에 뜨거운 박수를 보내 주었다. 쓰러지는 학생들로 인해 방송에서는 객기 부리는 젊음의 무모함도 지적하지만 건강이 받쳐 준다면 한 번쯤 해볼 만한 대학 시절의 도전이라고 생각한다.

"눈으로는 세계를, 가슴으로는 조국을"이라는 구호를 외치며 출발한 280여 킬로미터의 긴 장정은 시간이 흐를수록 지쳐 갔고, 한낮에 뜨겁게 달아오른 아스팔트의 열기를 느끼며 횃불을 들고 걷던 끝없는 김해평야의 야간 행진에서 조국이니 젊음이니 하는 화두는 사치스런 만용이 되어 버리기도 하였다. 낮잠 잘 시간을 벌려고 코펠 밥을 짓는 대신 라면을 끓여 먹다가 단체 기합을 받기도 했고, 부르튼 발의 물집 안에 물집이 또 생겨 절룩거리면서도 밤이면 텐트마다 돌면서 소독한 바늘로 물집을 터주기도 하였다. 양동시장에서 산 3천 원짜리 운동화 바닥창이 떨어져 나가 '엄마! 보고 싶어요'라는 쪽지와 함께 강물에 띄우기도 하고, 고개 쳐들 힘도 없어서 이것은 x이키, 저것은 x로스펙스 발자국이라 헤아리는 정도가 정신세계의 전부가 되어 버렸으니 어찌 조국을 논하고 젊음을 이야기했을까.

일주일 넘게 샤워 한 번 못 한 어느 날, 갑작스레 내려 준 소나기에 샴푸를 꺼내어 머리에 바르는 호사를 누리는데 미처 헹구기도 전에 그쳐 버린 소나기로 거품 난 머리를 그대로 말리며 걸었던 일이며, 학교 담벼락에 줄 세운 남학생들이 빨간 119 불자동차 호스가 내뿜는 물폭탄에 샤워를 하고, 그 담벼락에 올라 앉아 발가벗은 형들의 잽싼 비누칠을 구경하던 동네 개구쟁이들의 표정까지, 그 시절의 부족함과 힘겨움 속에서 내 젊음은 황금 들판의 곡식이 익어 가듯 차곡차곡 영글어져 가고 있었던 것이다. 수확을 꿈꾸는 자, 씨를 뿌려야 하듯 어떤 형태든 도전 정신으로 준비해 가는 학생들이 내 연구실을 노크할 때면 예전의 나를 돌아보는 듯 흐뭇해진다. '내가 그냥 보낸 오늘 하루는 어제 죽은 사람이 그토록 바라던 내일이다'라는 글귀를 들려주고 싶은 내 젊은 날의 여름은 지금도 뜨겁다.

새물결 한마당 백일장 당선작

단체 부문
장원 _ 김선미 외 3
차상 _ 이명재 외 4
차하 _ 김청수 외 4
가작 _ 문지윤 외 4
백동현 외 5

개인 부문
장원 _ 김명규
차상 _ 이숙원 이기훈
차하 _ 부중환 윤정배 정현수
가작 _ 백동현

단체 부문 | 장원

새물결한마당

새로운 후배들과
물결이 잔잔하게 가슴을 적시며
결과에 상관없이 마음을 나누며
한마당에서의 만남을
마음 한곳에 모아
당신이 바로 KUSA입니다

단체 부문 | 차상

우리에게

청춘 뭐 별 거 있냐
2기도 고양이 브이 하면서
60기랑 함께 놀면
모두가 청춘인 거지

단체 부문 | 차하

조국순례대행진

조국이 무엇이여!

국가는 또 무엇이여!

순전히 내 생각인디

예가 있고 적당한 도가 있으면

대부분의 백성은 말여

행복한 삶을 살 수 있당게

진짜여, 참말이랑게!

단체 부문 | 가작

새물결한마당

새로운 세상을 향해 기존의

물결을 거슬러 올라간다 해도

결과는 알 수 없지만

한여름의 낭만을

마음을 나눌 수 있는 사람과 함께

당차게 나가자

단체 부문 | 가작

조국순례대행진

조국을 가슴에 품고

국토를 걸으면서

순간에 느끼는 고됨을 견디며

예로부터 내려온 문화를 배우며

대장정을 향해서 나아가며

행복과 고뇌를 함께 배우며 느끼며

진짜 진짜 힘들지만 인생을 배웁니다

단체 부문 | 가작

조국순례대행진

조국의 미래를 위해 걸음마다

국토를 딛고 순례의 발걸음

순수한 사랑으로 이 땅을 노래하며

예술의 힘으로 이야기를 품에 안고

대지의 숨결을 느끼며 걸어간다

행복한 기억들로 가슴을 채우며

진심으로 우리의 조국을 사랑한다

개인 부문 | 장원

포기하지 않는 인생을 배운 조국순례대행진

김명규 (20기)

"그 힘들고 어려운 조순대도 다녀왔는데 이것쯤이야."

조국순례대행진의 참여는 인생에 있어서 인내와 포기하지 않는 법을 알려준 가장 값진 경험이었던 것 같다. 길을 걸으면서 발바닥 물집이 잡히면 먹물을 입힌 실을 바늘에 꿰어서 물집 속의 물을 밖으로 보내고, 아픔을 참고 견디면서 '조국 산천에 민족의 얼을 찾아~' 조순대 노래를 불렀던 기억이 난다. 결국, 10여 일의 행군에 발바닥 물집이 100여 개를 넘었으니…. 마치고 양발 검지 발가락 2개가 검게 변하더니 결국 빠져 버리는 것까지 경험하였으니.

조순대라서 포기하지 않았었다. 아니 포기할 수가 없었다. 지금 생각하면 무모한 행동이었지만 그래도 그것이 인생을 살아가면서 참 많은 도움이 되었다. 힘들고 어려운 상황마다 항상 되새기면서 '조국순례대행진도 해낸 내가 이것 정도가 힘들다고 그만두면 안 된다.'라며 참고 이겨 내었기 때문이다. "젊어서 고생은 사서도 한다"라는 말이 있다. 그땐 고생을 왜 사서라도 할까 하는 의문을 가졌었는데 세월이 지난 지금에서야 그 말을 이해할 수 있다. 오늘날 현대를 살아가는 젊은이들이 갈수록 나약해지고 편안한 것만 찾는 현실에서 자신을 한계를 느껴 보고 그것을 참고 견디며 해결할 수 있는 프로그램이 계속해서 있었으면 한다.

41년이 지난 지금, 필름 카메라로 많은 사진을 찍었지만, 햇볕에 노출되고 물과 땀에 젖어서 사진 하나 남아 있지 않다. 그래도 아직 강력하게 남아 있는 기억을 더듬어 보고자 한다. 1982년 조국순례대행진은 총 6개의 도정으로 나누었고 8월 5일 전국에서 동시에 출발하여 8월 15일 경기도 이천 유네스코청년원에 합류하는 것이었다. 내가 참여한 6도정은 전리북도 익산시의 전북기계공고에서 출발하였다. 1982년 8월 5일 꿈과 희망을 안고 10일 동안 약 400km의 조국 산천을 발로 직접 걸어봄으로써 조상들의 얼과 정신, 아픔을 조금이나마 느껴 보자고 출발한 첫날, 엄청 더웠던 것으로 기억한다. 배낭에 텐트, 알코올버너, 10일치의 쌀과 부식 등 무거운 짐들이 가득 들어 있었다. 대학교 1학년이었고 건강함과 자신감에 무거운 짐은 모두 나의 배낭으로 들어왔다. 반쯤 무너진 익산의 미륵사지 5층 석탑을 둘러보면서 문화유산의 중요성을 알았고, 그날 야간 미륵산을 지나며 다리에 쥐가 나 고생하면서 나약한 체력이란 걸 알아 버렸다. 첫날부터 너무 강행군한 기억이 난다. 이렇게 힘든 줄 알았으면 미리 사전 연습이라도 할걸. 선배들은 어렵고 힘들다는 것을 말로만 가르쳐 주었는가? 호기롭게 참석하겠다고 한 나 자신이 후회되기도 했다. 우금치 고개를 넘으면서 '새야 새야 파랑새야 녹두밭에 앉지 마라~~' 노래를 부르며 동학농민들의 한스러운 마음을 조금이나마 이해하려고 노력했었다. 공주의 모 초등학교 운동장에 텐트를 치고 임시로 설치된 샤워부스에서 온몸에 비누를 칠했는데 물이 동나서 수건으로 대충 닦아 내고 맞은편 금강으로 뛰어가서 몸을 씻은 기억이 난다. 그 시기에 가물었던지 가도 가도 발목 정도밖에 물이 없어 중간의 조금 깊은 곳에 누워서 몸을 씻었던 잊지 못할 기억이 난다.

   평균적으로 50분 걷고 10분 휴식하고 하루 약 40km의 거리를 걸으면서 쉬는 시간에는 마실 수 있는 물을 찾아 먼저 달려가고 싶었었다. 하다 못해 농수로의 물로 목을 적시고 싶은 간절한 심정이었다. 휴식 후 출발할 때는 발바닥 물집으로 인해 참고 참으면서 억지로 발을 더욱 힘차게 내디뎠던 기억이 난다. 지금은 추억으로 남아 있지만, 그때는 낙오하고 싶다는 마음이 들 정도였던 것 같다. 다음 날인가 그다음 날인가는 태풍이 올라와 비를 온몸으로 맞으면서 도로 양쪽으로 걸었다. 버스가 지나며 쳐다보는 사람들이 우리를 보면서 '이 태풍에 비를 쫄딱 맞고 걷는 것은 미치지 않고서는 할 수 없다'라고 생각할 것이라며 우리끼리 말하면서 걸었던 기억이 난다. 그래 우리는 미쳤다. 미치지 않고서는 이렇게 할 수 없다. 그래도 걷자 걸으면서 나를 찾고 내가 왜 이러고 있는지 찾아보자고 참고 견디었다. 그리고 전날까지만 해도 시원한 얼음물에 몸을 담가 보는 것이 소원이라며 이야기하고 다녔는데, 태풍이 오는 날 비를 맞으며 따뜻한 온천을 그리워하며 인간은 참 간사하다고 생각했던 것 같다. 길을 걸으면서 나는 누구이고 지금 무엇을 하고 있는가를 참 많이 생각해 본 시기였던 것 같다.

8월 15일 유네스코청년원 들어가는 입구에서 전국의 6개 도정으로 나뉘었던 친구들이 합쳐서 어깨동무하고 들어간 기억이 난다. 그리고 조순대에는 참가하지 않았지만, 마지막 합류를 축하해 주기 위해 올라와 준 선배와 친구들이 그렇게나 반갑고 고마웠는지 모른다. 합류 후 행복한 축제의 밤을 보내고 조순대의 막을 내렸지만 지금도 뜨거웠던 그 시기를 잊을 수 없다. 내 인생의 가장 소중한 시기, 함께 동고동락한 6도정의 선배, 친구들이 나와 마찬가지로 그때를 기억하며 인생에서 포기하지 않고 잘살고 있으리라 믿으며 안부를 전해 본다.

세계 잼버리 대회 진행을 보면서 그 당시 조순대를 기획하고 추진한 분들에게 다시 한번 감사의 인사를 드리며 KUSA은 영원하리라 생각한다. 자신의 것만을 챙기는 젊은이들이 혼자면 독서 둘이면 대화 셋이면 합창 넷이면 운동하는 KUSA의 정신을 본받아 나와 우리를 생각하고 세계로 펼쳐 나가는 젊은이가 되었으면 한다.

개인 부문 | 차상

새물결한마당

이숙원 (18기)

8월, 대지가 끓는다
한때 8월만 되면 끓어오르던 가슴
어느 순간 세월 속에 묻혀진 이름
오늘 다시 가슴이 뛴다

새물결한마당!

개인 부문 | 차상

생수 한 병

정현수 (60기)

너도 누군가에겐 꼭 필요한
존재겠구나

개인 부문 | 차상

조국순례대행진

이기훈 (25기)

조촐한 마음으로

국수 한 그릇 말아 먹는 소박함으로

순수한 열정이 가득했던 젊은 날

례(예)사로이 지날 수 없었던 그 시절

대대로 살아온 조국산천을 바라보며

행운이 가득한 뜨거운 대지를

진지한 물집 가득한 발로 걸었다

개인 부문 | 차하

조국순례대행진

부중훤 (9기)

조국아 강산아 변함이 없구나!

국토를 지키는 장병들의 힘이더냐

순진한 백성들의 지고지순이더냐

예부터 지켜온 우리 터전은

대대로 이어진 영혼이 숨 쉬거늘

행군의 나팔 소린 오늘도 들려오고

진솔한 네 모습에 이내 심장 울리네

개인 부문 | 차하

우리에게

윤정배 (14기)

후배와 선배는 불이!

개인 부문 | 가작

새물결한마당

백동현 (12기)

새로운

물결은

결이

한결같아야

마음이

당당해진다

KUSA, 새물결의 순환

2022년 유네스코 미래 교육 전환을 위한 국회 포럼

새물결청년사상연구원 공동대표

윤정배 (경상대학교 명예교수)

미래교육보고서 및 22년 9월 세계미래교육회의에 대한 글로벌 미래교육 의견

1. 한국의 미래 교육 전환은 어떠한 방향으로 나아가야 할까요? 미래 교육 전환의 핵심은 무엇이어야 할까요? 여러분의 의견을 자유롭게 적어 주세요.

(1) 배경 :

인류의 미래 교육에 대한 역사적 맥락을 살펴봅니다……시대와 장소에 따라 미래 교육의 목표가 다양하지만, 미래 지속가능한 세계를 내다본 안목을 가진 사람들이나 집단들이 내세운 것이 "청년의 육성"이 아닐까 합니다.

a. 한국에서는 신라 화랑으로서 삼국사기 등 현존 자료로 보아 1500여 년 진행된 이슈임.

b. 글로벌하게 보면, 그리스 고대 올림픽을 기준으로 하면 2700여 년 전부터 고민하였고 실행에 옮긴 이슈임.

c. 근대에 와서는 1922년 지식인협조국제위원회(CICI)를 시초로 1925년 IICI, 1925년 국제교육국(IBE)이 국제교육발전을 위한 비정부기구로 출범하였다. 거의 100년에 걸친 근대 세계인류의 화합된 발걸음이었고, 도전을 헤쳐 나온 역사이다.

d. 이후 2차대전과 그 후의 유네스코의 활동은 전 세계인들이 아는 바와 같다. 한국에서는 유네스코한국위원회가 활동한 내용은 대학생 활동 이니셔티브(KUSA), 국제야영교육(IYC)를 비롯한 국제청년활동 이니셔티브 등으로서 한국인들에게 잘 알려져 있다.

(2) 반성:

한편, 이러한 한국을 비롯한 전 세계적인 청년활동 이니셔티브에도 불구하고, 또한, 훌륭한 이상과 방향에도 불구하고 그 실천의 방법이 행동하는 각자의 일상과 삶에서 유리되어 왔음을 반성하여야 하고, 이런 점을 깊이 고민하여야 한다.

(3) 제언 :

a. 이런 점에서 미래 교육이 담아야 할 사상으로서 "청년사상"의 지속적인 탐구와 일상에서의 이런 사상의 실천을 주창하는 모임이 활성화되어야 한다. 더욱이 한국에서는 유네스코한국위원회가 60년 가까이 지원하고, 키워온 유네스코학생회(KUSA)의 현재 졸업생이 수만 명 활동하고 있다. 이

러한 인적자산을 바탕으로 앞에서 말한 "청년사상"의 탐구와 실천을 미래 교육과 연결한다면 좋을 것 같다. "오래된 미래"인 우리 자신(시간과 공간이 변함에도 언제나 변하지 않는 우리 자신)의 사상으로서, 인류 공통의 이 시대에 맞는 "영원한 청년"을 고양할 필요가 있다.

b. 한편으로는 전쟁을 막는 사상으로서 "마음으로부터의 평화"를 주창하는 국제기구로는 앞에서 언급한 100년 가까운 근대 국제교육발전 운동에서 알 수 있듯이 유네스코가 처음이자 지금도 여전히 핵심 국제기구이다. 이런 점을 최근의 각종 재난과 전쟁, 복잡한 현대사회의 생활양식에서 등장한 세계적인 명상 트렌드와 관련 지워 볼 때, 유네스코의 가치에 공감하는 모든 인류는 "마음"에 관한 탐구와 "내적체험"에 바탕으로 한 "평화로운 마음의 나눔실천"에 나서야 할 필요가 있다.

(4) 단체 소개
"새물결 청년사상 연구원"은 이러한 취지를 고민하면서 "오래된 미래로서 청년 사상"을 탐구하고 "평화로운 마음의 나눔과 실천"을 하는 단체가 되도록 노력하고자 합니다.

제언

(1) 유네스코의 노력, 특히 교육분야의 훌륭한 이상과 방향에도 불구하고 그 실천의 방법이 행동하는 각자의 일상과 삶에서 유리되어 왔음을 반성하여야 하고, 이런 점을 깊이 고민하여야 한다.

(2) 이런 점에서 미래 교육이 담아야 할 사상으로서 "청년사상"의 지속적인 탐구와 일상에서의 실천을 주창하는 모임이 활성화되어야 한다. 이러한 탐구와 실천을 미래 교육과 연결한다면 "오래된 미래"인 우리 자신(시간과 공간이 변함에도 언제나 변하지 않는 우리 자신)의 사상으로서 "영원한 청년"을 고양할 필요가 있다.

(3) 한편으로는 전쟁을 막는 사상으로서 "마음으로부터의 평화"를 주창하는 국제기구는 앞선 근대 국제교육발전 운동에서 알 수 있듯이 유네스코가 처음이자 지금도 여전히 핵심 국제기구이다. 이런 점에서 최근의 세계적인 명상 트렌드와 관련지워 볼 때, 이런 점에서 미래 교육이 담아야 할 사상으로서 유네스코의 가치에 공감하는 모든 인류는 "마음"에 관한 탐구와 "내적체험"에 바탕으로 한 "평화로운 마음의 나눔실천"에 나서야 할 필요가 있다.

유네스코학생회 창립과 새물결운동

유네스코학생회의 창립

1. 배경

유네스코학생회(KUSA ; Korean Unesco Student Association)는 지성의 요람인 대학에서 유네스코의 이념을 전파하고 건강한 대학 문화를 창조하기 위해 활동하고 있는 유네스코 학생 클럽(동아리)이다. 4·19 혁명, 5·16 군사쿠데타, 한·일국교정상화 반대시위의 혼란 속에서 학생운동과 그에 대한 탄압으로 인해 대학 캠퍼스가 황폐화되고 학업에 정진할 수 없었던 1960년대의 참담한 현실 속에서 학원의 풍토를 반성하고 대학에 새로운 기풍을 일으키고자 했던 학생지도자들에 의해 1965년에 처음 설립되었다.

유네스코한국위원회가 1965년 6월에 개최한 "학생활동 지도교수협의회"에서 지도교수들은 한국 학생운동의 성격을 규명하면서 한국 학생운동의 반성점을 다음과 같이 지적했다.

1) 한국 학생운동은 너무나 형식에 치우쳤거나 획일적이며 2) 정치적 성격이 너무 강하다. 3) 국제적 성격이 희박하고 로컬리즘에 치우쳤으며 4) 생산적인 요소가 적다. 또한 5) 자신과 기백이 부족하며 사회 풍조의 모방이 너무 많았고 6) 취미 생활이 빈약하며 7) 종교적인 기반이 없다는 점이 지적되었다.

학생활동은 좀 더 독창적이며 한국의 실정에 맞고 국가발전에 기여할 수 있는 유대를 갖는 생산적인 활동과 더욱 더 국제적인 성격을 갖는 활동을 모색해 보자는 것이 이 협의회의 제안이었으며, 당면한 한국 학생운동의 과제라는 결론을 내렸다. 이 협의회의 건의에 따라 당시 청소년·학생 문제에 깊은 관심을 가졌던 유네스코한국위원회가 1965년 7월 수원의 서울대 농대캠퍼스에서 유네스코 학생 썸머스쿨을 개최하게 되었고 이것이 KUSA 설립의 직접적인 계기가 된 것이다.

  이 썸머스쿨은 집단 활동을 통한 사회성 훈련 및 지역사회와의 연결을 도모하는 실험학교로서 중요한 의의가 있었으며, 교외교육으로서 학생들 스스로가 목표를 설정하고 이를 탐구·실천하는 시범적 활동이었다. 참가자들은 당시의 학원 풍토를 반성하고 새로운 물결이 계속적으로 각 대학교 캠퍼스에서 일어나야 될 필요성을 느꼈으며 이에 따라 썸머스쿨에 참가하여 유네스코 이념에 공감했던 참가자들이 각 대학에 돌아가 서강대학교를 필두로 13개 대학교에서 자발적으로 KUSA를 결성하기 시작하였고 "자각적 탐구와 실천적 참여"를 내세운 KUSA운동은 짧은 기간 내에 요원의 불길처럼 전국으로 번져 나가게 되었다.

  그 후 "새물결운동"으로 KUSA의 이념이 정립되고 1967년 11월 3~4일에 열린 제1차 새물결운동 전국대회에서 유네스코 학생활동을 집약된 힘으로 공동 추진하고자 "한국 유네스코 학생협회"를 결성하면서 유네스코 학생회는 비약적인 발전을 거듭하여 1995년 말 현재 전국 대학교에 70여 개 지회를 둔 학생단체로 성장하였다. 오늘날 유네스코 학생회는 유네스코한국위원회의 지원과 유네스코 학생활동 지도교수협의회의 지도를 받으며 대부분의 학생활동 영역에서 진취적인 학생활동을 전개하고 있다.

2. 목적

　유네스코 학생회는 교육·과학·문화의 발전을 통해 인류의 마음속에 서로를 사랑하는 마음을 심어 영원한 세계평화와 인류복지를 이룩한다는 유네스코 이념과 1965년 이래 한국의 젊은 지성들의 새물결운동 정신을 바탕으로, 눈으로는 세계를 바라보고 가슴에는 조국을 품으며 날마다 자신을 새롭게 하고 자각적 탐구와 실천적 참여를 통하여 대학인 본래의 정당한 권리를 지키며 진취적이고 창조적인 대학 풍토를 조성함은 물론 가정·학교·사회·국가·세계 속에 이러한 새물결운동 정신을 전파하는 것을 목적으로 활동하고 있다.

　유네스코 학생회의 목적은 유네스코의 숭고한 정신과 이념 아래 건전한 학생활동을 통해 새물결운동을 전개함으로써 1)회원 각자의 건전한 성장과 지도자적 인격의 함양을 기하고 2)봉사활동을 통한 지역사회개발 및 국가발전에 기여하며 3)국제이해 및 국제유대를 강화하여 세계평화달성에 이바지함에 있다.

3. 연혁 및 변천 과정

　1965년부터 30년은 우리나라 유사 이래 가장 많은, 그리고 가장 빠른 사회 변동을 체험한 시기였다. 정치·경제·사회·문화면에서 변화가 시작되어 한국인의 의식주 생활, 의식 구조까지 달라지고 말았다. 또한 지난 30년간 인구의 급증과 더불어 대학생의 수는 10배로 증가하여 지금은 100만 대학생이라 부르고 있다. 이러한 변화 속에서 감수성이 예민한 젊은 대학생이 변하지 않는다면 오히려 이상한 일이다.

나라도 변하고 사회도 변하고 대학도 대학생도 변했으며 KUSA도 변했다. 이것은 당연한 일이며 긍정적으로 시인해야만 한다.

유네스코는 평화로운 세계의 건설이라는 유네스코 이념을 구현하는 데 있어서, 인간의 미래를 잉태하고 있는 청소년들의 시대적 역할이 무척 소중한 것임을 인식하고 있다.

유네스코한국위원회가 1960년대에 청소년 문제에 적극적으로 대응하고 청소년활동을 전개했던 까닭도, 당시 한국사회의 독특한 사회적 조건을 극복하고 미래를 준비할 수 있도록 청소년들을 일깨워야 했던 시대적 당위성 속에서 찾을 수 있다. 즉, 독재와 반(反)독재의 극한 대립 속에서 무한한 젊음의 가능성을 꽃피우지 못한 채 기성사회의 모순 속으로 내몰려야 했던 대학 지성인들에게 차원 높고 다양한 학생활동을 통해, 조국 근대화의 밑거름이 되고 세계 시민의 보편적 이상을 추구할 수 있는 기회를 제공하고자 했던 것이다.

이제 냉전이 극복되면서 조국통일과 세계평화에의 참여라는 이념의 과제를 안게 된 우리 사회는 다시금 청년들의 역동적 가능성에 기대를 걸고 있다. 그러한 의미에서, 비록 시대 상황과 세대는 바뀌었지만 "자각적 탐구와 실천적 참여"라는 새물결운동의 운동 전략은 변함없이 유네스코 학생활동의 중심에 자리 잡아야 한다.

21세기를 준비하기 위해 유네스코 학생활동에서 먼저 추구해야 할 것은, 인류가 직면한 위기상황을 극복할 수 있는 이념을 정립하는 일이다. 유엔과 유네스코는 "세계관용의 해(International Year for Tolerance)"를 통해 "관용의 정신"(a spirit of tolerance), "평화의 문화"(a culture of peace)를 다음 세대를 위한 오늘의 운동 이념으로 제시하고 있다.

이와 관련하여 유네스코한국위원회가 권고하고 싶은 유네스코학생회 활동은 "국제 활동"과 "자원 활동"(volunteer activity)이다. 사실 이는 유네스코 학생활동이 줄곧 추구해 왔던 것이다. 다만 여기에서 말하는 국제 활동은 "무한경쟁시대의 국가 경쟁력 강화" 차원의 것이라기보다, 종교·인종·빈부·이데올로기 등의 차이를 넘어 본질적인 의미의 국제 이해·관용·협력을 추구하는 개념이다. "자원 활동" 역시 열등한 대상에 대한 자선이나 선행의 개념을 넘어 자기 결단과 극복의 행동, 건강한 사회발전에의 적극적인 동참을 뜻하는 것이다. 그리고 "국제화"와 "자원 활동 정신"은 궁극적으로 하나로 통합되어 우리의 미래를 형성시킬 철학이다.

4. 조직 및 기구

최고 의결기구는 총회로써 회원단체대표(각 지회 회장) 전원으로 구성되어, 1년 2회의 정기총회와 필요시 개최되는 임시총회를 통하여 규약 개정, 연간 공동 활동 목표 결정, 협회장 선출, 사업계획 심의 및 예산안의 심의 결정, 지회의 자격 취득 및 상실에 관한 사항 등을 처리한다. 본회를 대표하는 협회장은 예산 및 사업을 집행하며 임원회와 총회를 소집하여 주재한다. 집행기구는 임원회로써 협회장을 보좌하는 임원을 두고 총무, 서기 및 연구기획부, 조직부, 사업부, 국제 활동부 등의 5개 부서의 임원 전원으로 구성되어 자치적으로 사업을 추진한다. 회의 제반 집행에 관한 협의조정 및 의결기능을 보유하고 제반시 행세칙의 상정과 중앙위원회의 위임사항을 처리한다.

주요행정구역 단위로 편성된 지구는 지역내 지회로 구성되며 소속지회

간의 활동 정보를 교환하고 협력사업·지구별 특수사업을 개발하여 수행하며 협회의 위임사업을 집행하게 된다.

본회의 목적에 찬동하여 등록을 필한 각 대학(교) 단위의 유네스코 학생회인 지회는 창립지회와 창립예비지회로 구분되며 연간 공동목표의 추진 및 지회개발사업을 전개한다.

새물결운동

1. 배경

새물결운동은 지각 있는 젊은이들의 자발적 결심이고 계획이며 실천이다. 참으로 뜻있는 학생들의 자기비판, 자기발견, 자기갱신을 출발점으로 하여 가정, 학교, 국가, 사회로 연결되는 개혁을 위한 조용하고 정직한 결단에서 우러나온 것이다.

1965년 학원과 사회의 극심한 혼란과 무질서 속에서 싹트기 시작한 새물결운동은 한국 학생운동의 새로운 면모를 갖고 시작된 것이다.

유네스코한국위원회에서는 1965년 서울 농대에서 제1기 썸머스쿨을 개최하여 젊은이들로 하여금 누적된 사회문제, 대학의 문제, 자기의 문제를 토론하게 하여 새로운 질서와 가치가 필요함을 느끼게 하였다. 그리하여 그들은 나름대로 해결방법을 찾아 고민하고 노력하는 기풍을 학내에서 2년간 계속했다. 이것이 새물결운동의 시작이었다.

새물결운동에 참여한 사람들은 단순히 그들의 문제에만 집착하지 않고 보다 광범위하고 깊이 있는 철학을 갖기 위해 끊임없이 연구하고 토론하였다. 따라서 새물결운동의 기조는 한국 학생운동의 이념적 근간을 유지하면서 새로운 대학운동으로써 시작되었던 것이다.

2. 목적

유네스코 학생회가 전개하고 있는 "새물결운동"은 유네스코 학생회의 정신적 출발점이자 목표이다. 이 운동은 그 헌장에서 밝히고 있듯이 "새로운 인간관계의 창조를 통하여 세계평화와 인류복지 구현에 기여하려는 젊은이들의 자발적 자아개혁운동"이다. 더욱 구체적으로 말하면, 젊은이들이 스스로의 가치관과 주체성을 세우는 자각운동, 역사적·사회적 진리를 추구하는 탐구운동, 개인이 갖는 편견의 벽을 무너뜨리고 만남의 가능성을 확인하는 대화운동, 더불어 함께 사는 공동체를 건설하기 위한 협동운동이며, 나아가 새로운 미래의 담당자로서 가정, 학교, 지역사회와 국가발전에 능동적으로 기여하려는 실천운동이다.

인간의 마음속에 평화를 지키고자 하는 지적·도덕적 각성을 불러일으키는 것이 유네스코 활동이라고 한다면, 마치 작은 조약돌 하나가 호수에 커다란 파문을 일으키듯이 타인, 이웃, 사회, 세계로 그러한 각성이 물결처럼 퍼져 나가게 하는 것이 새물결운동이다. 그러한 의미에서 새물결운동 이념은 아주 적극적인 형태의 유네스코 이념으로서, 바로 지금 이 땅의 젊은이를 대상으로 하는 매우 구체적인 실천이념으로 파악할 수 있다.

초창기에 깊은 사색과 대화, 열띤 토론과 실천을 통해 정립된 새물결운동 이념은, 시대의 변화 속에서도 뿌리를 잃지 않고 모든 새물결인의 맥박 속에 살아 숨 쉬고 있다.

새물결운동의 전개과정 새물결운동은 "나"로 부터 시작하며, 나는 새물결운동의 궁극적 주체이다. 새물결운동의 헌장은 자아개혁을 제일 첫 관계로 채택하고 있다. 자아개혁은 자기비판→자기발견→자기갱신의 단계를 통하여 가능하다. 또한 실천강령은 "나는 영원한 새물결운동의 실천자로서"로 시작하여 나로부터 시작되는 운동임을 명확히 하고 있다. 나로부터 시작된 새물결운동은 나와 너의 "이해의 터전 위에 선 창의적이며 우호적인 협동의 힘을 빌어 새질서 새가치를 창조"함으로서 창조적 사회의 실현과 세계평화에의 기여로서 종결된다.

2) 새물결운동과 만남 - 새물결운동은 인간의 만남에 대한 지침을 새물결운동 이념을 통해 제기하고 있다. 만남은 인격적인 만남이 전제된다. 인간이 생물학적 존재로서 탄생하여 성장해 가는 동안 수많은 만남을 통하여 사회적 존재(Social Being)로 변해 간다.

새물결운동의 전개과정은 이상과 같이 표로 나타낼 수 있다.

구분	새물결운동	만남의 대상	새물결인	
나	자각	나	자기 성찰적 인간	새로운 나
	탐구	역사	역사적 인간	
	대화	너	열려진 인간	
	협동	우리	더불어 있는 인간	
	실천	사회	성취하는 인간	

〈새물결운동을 통하여 가능한 만남과 만남의 영역〉

4. 새물결운동 헌장 및 실천 강령

1) 새물결운동 헌장

새물결운동은 새로운 인간관계의 창조를 통하여 세계평화와 인류복지 구현에 기여하려는 우리 젊은이들의 자발적 자아개혁운동이다. 우리는 날마다 스스로를 새롭게 하면서 탐구하고, 대화하며, 협동하는 기풍을 가정, 학교, 사회로 넓혀 나간다. 마음의 벽을 허물고, 흩어진 힘을 하나로 모아 지역사회 발전에 이바지함으로써 인류의 이상을 이 땅에 실현한다. 우리의 눈은 세계로 향하며, 가슴에는 조국을 사랑하고, 너와 내가 함께할 수 있는 차원 높은 인격을 기른다. 우리는 젊은 세대의 역할을 깨달아, 견실하고 진취적인 가치관을 확립하여 건전한 대학 풍토를 이룩한다.

2) 새물결운동 실천 강령

나는 영원한 새물결운동의 실천자로서,

첫째, 바르고 참된 나를 만들기 위한 자각운동에 앞장선다.

둘째, 어제를 통해 오늘을 알고 보다 나은 내일을 위해 노력하는 탐구운동에 앞장선다.

셋째, 세계를 향한 새롭고 활달한 마음을 여는 대화운동에 앞장선다.

넷째, 주변의 작은 일부터 묵묵히 솔선수범하는 실천운동에 앞장선다.

다섯째, 혼자면 독서, 둘이면 대화, 셋이면 합창, 넷이면 운동하는 새생활 창조에 앞장선다.

출처 : 1997년 유네스코한국위원회 「유네스코학생활동 30년사」에서

유네스코학생회 창립50주년의 회고

전성민 (전 유네스코한국위원회 협력사업본부장)

청년활동의 의미와 특성

청년은 경제, 사회, 정치 더 나아가서는 문화적 의존성이 강한 아동기와, 책임 있고 독립적인 삶을 영위할 수 있는 역량을 보유한 성인기 사이의 인구집단을 일컫는다. 청년(Youth)은 제2차 세계대전 이후 새로운 경향을 나타내는 인구집단을 일컫는 용어로, 유엔은 1985년 「세계청년의 해」를 맞이하여 그들의 연령 범위를 15세부터 24세로 설정한 바 있다. 그러나 이러한 설정은 인구통계학적 편의를 위한 것으로, '의존적' 혹은 '독립적'이라는 내용과 수준은 다양한 집단가치가 적용되기 때문에 모든 사회에 획일적으로 적용하는 데 한계가 있다.

이러한 한계에도 불구하고, 청년활동은 '환경과의 지속적인 상호작용 과정을 통해 독립적인 성인으로서 책임 있는 역할을 수행하는 데 요구되는 역량을 개발하기 위한 계획된 활동'으로 개념화될 수 있다. 따라서 청년활동과 관련해서는 청년들이 처한 활동 생태계가 중요한 쟁점이 된다. 즉, 청년(들)이 처한 경제, 사회, 정치, 문화적 환경 여건과 특히, 그들에 대한 지역사회의 시각과 철학적 배경은 청년들이 역량을 개발할 수 있는 기회의 제공과 환경의 개선 의지와 수준을 한정함으로써, 그들이 개발할 수 있는 역량의 내용과 폭, 깊이에 중요한 영향을 미치게 된다. 1965년의 창립 시기부터 2015년까지 50년은 유네스코학생회가 활동 생태계의 역동적인 변화 속에서 스스로의 정체성을 유지하고 존재의 가치를 확인하기 위한 시간들이다. 이제 유네스코학생회는 새로운 50년을 맞이하고 있다. 이 시점에서 태동부터 오늘에 이르기까지 유네스코학생회가 겪었던 환희와 좌절들의 배경과 그 결과가 미친 영향을 살펴보는 작업은 유네스코학생회의 미래비전과 활동전략수립은 물론, 우리나라 청년대학생활동의 활성화를 위한 대화의 실마리로 충분한 의미가 있을 것이다.

제2차 세계대전의 종전과 청년, 청년문화에 대한 관심

유네스코학생회 창립은 2차 세계대전 이후 나타난 청년들의 새로운 행동 경향과 밀접한 관계가 있다. 2차 세계대전 후의 사회는 베이비붐과 함께 과학기술의 발달에 기초한 경제의 활성화로 특징된다. 이러한 경제적 여유는 청년집단의 사회적응을 위한 교육기간을 고등교육으로 연장하게 되었고, 이들의 독립적인 삶은 유예된다. 참전 기간 동안 확실한 사회적 지위를 보장받았던 청년들은 전후에도 성인과 동등한 사회적, 시민적 권리의 보장과 확대를 요구하면서 기성세대와의 갈등을 유발하게 된다. 이와 함께 청년들은 새롭게 대두된 포스트모더니즘에 기초해서 기성세대의 가치와 전통을 재해석하고자 하였고, 기성세대는 이러한 경향을 그들에 대한 저항과 거부로 인식하여 세대 간의 갈등은 심화되었다. 그러나 역설적으로 이러한 과정 중에 양 세대는 가치와 전통을 공유하게 되었고 이는 세대 간의 갈등을 해결하고 협력을 강화할 수 있는 가능성이 되었다.

새로운 경향을 보이는 인구집단의 등장에 학자와 작가들은 이들의 문화에 주목하고 활발한 논의를 전개한다. 이러한 과정 중에, 케니스톤(K. Keniston)은 1960년 사회 문화적 맥락에서 청년(Youth)이라는 용어를 처음으로 사용하였다. 그는 제2차 세계대전 전의 세대구분이었던 아동-청소년(Adolescent)-성인에서 18세 이후 성인 전까지의 기간을 구성하는 청년세대를 분리하여 아동-청소년-청년-성인으로의 세대 구분을 주장하였다. 이는 에릭슨(E. H. Erikson)의 청년 정체성 연구와 함께, 이후 청년활동패러다임 변화의 중요한 근거가 된다. 즉, 이전의 육성패러다임(Pro-social Paradigm)은 청소년들의 건강한 성장을 위하여 유해 환경으로부터 철저하게 격리하여 보호하는 것을 골자로 한다. 그러나 이 패러다임은 기성세대의 가치관에 기초함으로써, 청소년을 활동의 주체가 아닌 대상으로 삼는다는 단점이 있었다. 반면에 통합 패러다임(Integrative Paradigm)은 사회구성원으로서 청년들의 역할수행능력에 대한 신뢰를 기반으로, 그들을 지역사회 발전과정에 기성세대의 파트너십으로 인정하고 이들에 대한 활동 기회의 제공과 활동 환경의 개선을 사회적 책무로 인식하는 것을 핵심으로 한다.

한편 유엔은 전 세계적인 청년의 변화 추세에 관심을 갖고, 이에 대한 대책을 유엔시스템 내의 교육 관련 특별기구인 유네스코에 의뢰한다. 이에 유네스코는 1964년 유네스코회원국, 유엔시스템 내의 기구, 국제정부 간 기구, 카테고리 A, B에 속한 비정부 간 조직의 대표들이 참여하는 국제청년활동전문가회의를 개최한다. 이 회의는 「청년과 노동생활」, 「청년과 여가활동」, 「청년과 시민·사회생활」, 「청년과 국제생활 및 이해」 등 4개 분과위원회로 구성되었으며, 최종보고서를 13차 유네스코총회에 제출하였다.

13차 유네스코총회는 전문가회의의 최종보고서에 근거하여 다음과 같은 사항을 회원국에 요청하게 된다. 첫째, 비정부조직의 적절한 활동을 장려하고, 이를 지원할 수 있는 제도와 활동을 발전시키며 둘째, 청년교육은 청년들이 시민, 사회, 전문분야의 생활에서 보다 적극적으로 역할을 수행할 수 있도록, 그리고 여가시간을 보다 충실하고 창의적으로 활용할 수 있도록 지원하고 셋째, 교육담당자와 지도자들에게 훈련을 제공하고, 그들에게 그들의 일에 적합한 지위를 부여하며 특히, 부적응청년 교육가들을 위한 예비 및 직무훈련을 제공하기 위한 가능한 모든 조치를 취하고, '여섯 번째 항'과 관련된 국가위원회 및 특별위원회의 프로그램서비스에 대한 협조를 요청하며 넷째, 청년활동에 필요한 건물부지와 기자재를 제공하고 다섯째, 적절한 문헌과 통계를 수집하고 편찬하며 여섯 째, 국가위원회 내의 적절한 곳에 청년활동을 관장하는 특별위원회를 설립한다.

이러한 권고내용은 통합패러다임이 적용된 초기의 사례로 유네스코의 청년사업은 아동(Children)사업, 청소년사업과 뚜렷한 차이를 보인다. 그리고 이 권고안은 향후, 유네스코학생회의 지원을 포함하여, 유네스코한국위원회가 청년사업을 개발하고 추진하는 데 주요한 근거가 된다.

청년에 대한 이러한 유네스코의 관심과 노력은 1965.12. UN의 「청년의 평화이념 및 국민 간 상호존중과 이해의 증진에 관한 선언 (Declaration on the Promotion among Youth of the Ideals of Peace, Mutual Respect and Understanding between Peoples)」의 채택으로 이어진다. 그리고 선언문에 "…유엔교육과학문화기구의 목적이 교육, 과학 및 문화를 통하여 국민들 간의 협력을 촉진

함으로써 평화와 안전에 공헌함에 있음을 상기하고, 청년을 국제적 이해와 협력 및 평화의 정신으로 교육하기 위한 유네스코의 역할과 기여를 인식하며…"라고 명시하여 유엔시스템 내에서 청년정책 및 사업에 대한 유네스코의 주도적 역할과 기능을 재확인하였다. 그리고 이 선언에 포함된 「참여·발전·평화」라는 핵심어는 청년을 '사회 변화의 주체이자 성인의 주요동반자'로 인정하는 유엔시스템의 중요한 이상으로, 1985년 유엔이 정한 「세계 청년의 해」의 주제가 되었다.

대안학생운동서 열린 제도의 실험, 유네스코학생회

유네스코한국위원회가 유네스코총회의 요청을 수용하여 청년사업을 시작한 1965년은 한일협정 반대운동으로 서울 일원에 비상계엄령이 선포되고(6.3사태), 전국 13개 대학교와 서울의 58개 고등학교에 조방학과 휴조치가 취해졌으며, 서울에 위수령이 발동되고 고대, 연세대학교에 무기휴업령이 내려지는 등 청(소)년들의 공교육은 물론 학교 외 활동도 심각하게 제한받던 시기였다.

이러한 시기에 청년을 지역사회발전의 파트너십으로 인정하여 청년문화에 대한 관심을 촉진하고, 청년이 참여할 수 있는 기회의 제공과 활동환경의 개선을 강조하는 '대안청년운동으로서 열린 제도의 실험 및 지원'은 대학생들에게 신선하게 다가왔고 즉각적인 반응을 불러일으켰다. 청년활동의 지원방안을 모색하기 위한 아시아 지역 청년전문가회의에 참석하고, 청소년문제연구협의회와 학생활동지도교수협의회를 개최한 바 있는 유네스코한위는 1965년 7월 전국의 대학교학생회 임원과 대학신문기자

등 각 대학교의 지도적 위치에 있는 학생들을 초청하여 유네스코하계학교(UNESCO Summer School)를 개최하였다.

이 프로그램에 참가한 대학생들은 당시의 대학 상황과 학생운동의 문제와 한계들을 성찰하면서 이를 보완할 수 있는 대안적 학생운동을 고민하게 되었고, 1965년 후반기에 서강대 등 13개 대학교가 「유네스코학생회」를 창립하여 활동을 시작하였다. 그리고 연합활동을 위해 1967년 11월 4일 제1차 「새물결운동 전국대회」에서 「한국유네스코학생협회(Korea Unesco Student Association: KUSA)」를 설립한다. 이러한 일련의 과정에서도 통합적 패러다임은 충실히 적용되었으며, 이는 대학생들에게 대안 마련을 위한 충분한 정보와 이를 구체화할 수 있는 기회와 환경을 제공하여 그들이 의사결정 과정의 책임 있는 주체로 참여했다는 데서 확인할 수 있다.

'대안학생운동으로서 열린 제도의 실험과 지원'은 이념과 사업 그리고 조직의 형태에 잘 나타나 있다. 유네스코학생회의 행동 논리인 새물결운동 이념은 「새물결 헌장」에서 잘 설명되고 있다. 새물결 헌장에는 「새물결운동」을 "새로운 인간관계의 창조를 통하여 세계평화와 인류복지 구현에 기여하려는 우리 젊은이들의 자발적 자아개혁 운동"이라고 적시하고 있다. 그의 내용으로는 '스스로를 새롭게' 하며, '지역사회발전에 이바지'하고, '눈은 세계로 향하며, 가슴에는 조국을 사랑'하는 차원 높은 인격의 형성과 함께 '진실하고 진취적인 가치관을 확립하여 건전한 대학풍토'에의 기여를 제시하고 있다. 그리고 이를 위한 「실천강령」으로 자각운동, 탐구운동, 대화운동, 실천운동과 '혼자면 독서· 둘이면 대화· 셋이면 합창· 넷이면 운동하는' 새생활 창조 운동을 제시하고 있다. 이의 구체적인 활동으로 1965년 유네스코학생회는 학내선거정화운동, 고전읽기, 학생연구발표 모임, 한글바로적기, 나무심기운동 등을 전개했다. 또한 대학생들로 구성된 새물결편집실을 운영하면서 1966년부터는 청년문화에 대한 담론들을 게재한 「새물결지」를 발간하여 청년, 청년문화에 대한 인식을 대학은 물론 사회에 확산시켰다.

한편, 학생협회가 설립된 1967년 이후에는 매년 '공동활동목표'를 설정하여 유네스코학생회지회들이 자신과 지역사회를 새롭게 할 수 있는 전국적인 생활실천운동을 전개함으로써 활동의 영향력과 파급력을 강화하였다. 또한 1974년부터는 조국순례대행진을 개최하여 청년학생들은 물론, 전 국민을 대상으로 보다 폭 넓게 청년학생 및 청년문화에 대한 존재와 인식을 새롭게 전달하는 대화운동과 이를 통한 지역사회개발에의 실천운동을 전개하였다.

한편 이를 수행하기 위한 KUSA의 조직도 청년대학생의 자발적이고 책임 있는 참여가 가능하게 구성되었다. 유네스코학생회는 집행부로서의 '유네스코학생협회'와 각 대학(교)유네스코학생회 회장으로 구성된 의결기관인 '중앙위원회'로 편성되어 있었으며, 협회장은 중앙위원회에서 선출되어 상호협력과 견제가 가능하도록 운영되었다.

이러한 과정에서 유네스코한국위원회는 유네스코학생회의 정통성과 고유한 활동 영역을 유지할 수 있도록 유네스코회관 내에 학생협회실을 포함해서 연합활동을 위한 공간들과 회원교육 및 발간사업, 네트워크강화사업들을 지원하였다. 1965년부터 시작된 「유네스코학생지도자교육과정」에 이어 1968년부터는 「회장단연수회」 등 지도력 증진을 위한 프로그램을 지속적으로 제공하였다. 1967년에는 보람 있는 대학생활, 1970년 학생문제연구, 1974년 유네스코클럽지침서, 청소년의 권리와 책임 등이 발간되었고, 새물결운동전국대회와 유네스코학생활동지도교수협의회 운영 등 유네스코학생회의 자율적인 의사 결정과 실천이 가능할 수 있는 제도가 정착될 수 있도록 지원되었다. 이러한 지원들은 1977년 유네스코청년원이 설립되면서 보다 체계적으로 제공될 수 있었다.

특히, 1966년 시작된 국제야영봉사와 국가 간 학생교환사업 등 유네스코네트워크를 통한 청년대학생들의 다양한 국제 활동은 새로운 정보와 보다 확대된 활동장을 원하는 청년들의 욕구를 충족시키고, 다른 단체 및 기관에 앞서 세계시민으로서의 안목과 지도력을 포함한 활동 역량의 향상에 기여하게 되었다.

7, 80년대 한국사회 및 대학가와 유네스코학생회 활동의 위축

이러한 다양한 활동과 노력에도 불구하고, 1970년대에 접어들면서 나타난 경제침체는 학생활동을 점차 위축시킨다. 또한 유신정권과 5공화국의 등장은 군사독재정권과의 투쟁 형태를 극단화시키고 전국대학생대표자협의회와 한국대학총학생회연합은 '강철대오'를 강조하여 대학가의 다양성은 위축된다. 이와 함께, 1980년대를 관통하여 우리 사회와 대학가의 담론을 독점하다시피 한 사회구성체 논쟁 속에서 새물결운동이념에 대한 목소리를 낼 수 있는 공간은 작아져 갔고, 결국 유네스코학생회는 정체성 혼란과 이에 따른 심각한 조직력의 약화를 초래하게 되었다.

이러한 상황 속에서 유네스코학생협회와 정부의 감독을 받는 공공기관으로서 자율적인 학생활동지도에 한계를 가질 수밖에 없었던 유네스코한국위원회 사이의 관계는 점차 약해져 결국 1992년 결별하게 된다. 이를 통해 유네스코학생회 활동은 더욱 약화되었는데 그 이유는 각 대학교 유네스코학생회(이하 지회)와 비교하여 유네스코학생협회가 가지고 있는 운영,

조직적 특성과 역할 및 기능에 기인한다. 그러한 특성은 첫째, 지회는 활동의 거점으로서 교내에 활동 장소를 제공받을 수 있지만, 학생협회는 공식적으로 장소를 확보하기가 쉽지 않다. 둘째, 지회는 동문들의 지속적인 지원을 받을 수 있지만, 협회는 그러한 지원 집단이 유네스코한국위원회 외에는 존재하지 않았다. 셋째, 지회는 친밀도가 높은 회원들로 구성된 단일 조직을 관리하지만, 학생협회는 이해관계가 조금씩 다른 지회들로 구성된 공동체로서 연합조직의 정체성 유지와 사업추진과 조직운용을 통한 이해관계의 조정이 주요 역할과 기능이라는 것으로 정리할 수 있다.

이러한 학생협회의 구조적 특성으로 인하여 유네스코한국위원회와의 결별은 중요한 지식정보자원과 물적·인적 자원을 지원받을 수 있는 네트워크의 상실이라는 의미가 있다. 그리고 이러한 지원네트워크의 상실에 대한 대안을 확보하지 못한 학생협회는 정체성 혼란과 활동의 구심력 약화, 자원 동원력 마비라는 악순환으로 연합활동체로서의 역할과 기능이 현저하게 약화되었다.

유네스코학생회 활동의 활성화와 학생협회의 재건을 위한 노력

2012년 이후 일부 동문들의 열정적인 자기 헌신으로 유네스코학생회의 연합조직화와 학생협회의 재건이 조심스럽게 추진되고 있다. 이는 온갖 어려움 속에서도 50년을 끈질기게 견뎌 온 유네스코학생회의 생명력을 확인할 수 있는 증거로 생각된다. 그럼에도 이러한 노력을 지켜보면서 느낀 개인의 생각을 정리하면서 이 글의 결론을 대신하고자 한다.

첫째, 현재 유네스코학생회를 구성하는 청년학생들이 활성화를 위한 다양한 노력과 시도의 주체가 되어야 한다.

활동프로그램은 그들의 욕구를 풀어 주기 위한 수단으로 목적이 아니다. 유네스코학생회의 활동프로그램이 청년대학생들의 열띤 호응을 유도하고, 유네스코학생회가 또다시 대학가의 새로운 대안운동으로 인식되기 위해서는 우선 그들이 가지고 있는 어려움을 이해하고, 욕구를 공유하면서 그들 스스로 행동논리를 수립하고 실천할 수 있도록 지원하고 기다려 주어야 한다. 현재 대학생들이 갖고 있는 사회적 경제적 정체성 혼란은 이전에 선배들의 그것들과 비교하여 매우 심각한 상태이다. 이러한 상황은 몇 가지 활동프로그램만으로 호전될 수 있는 것이 아니다. 많은 대학생들은 이러한 어려움을 극복하고 진로를 모색하기 위한 하나의 방편으로 연합활동과 국제활동을 선택하고 있다. 연합활동과 국제활동은 유네스코학생회가 차별성을 가질 수 있는 부분으로, 이러한 활동을 통해 대학생들의 진로 탐색을 지원할 때 유네스코 학생활동의 가치와 의미를 더할 수 있을 것이다.

둘째, 학생협회의 운영 형태가 지식정보시대에 맞게 변화하여야 한다.

현대의 조직들은 자원 동원에 어려움을 가지고 있다. 그리고 이를 극복할 수 있는 하나의 방안이 정보기술의 활용이다. 이러한 시도는 일단 고정비용을 줄이고, 내용적으로는 보다 효과적인 대안 마련을 위한 집단지성의 운영에 도움이 된다. 학생협회의 주요 기능은 정체성 확립과 연합활동의 구심점으로서 정보와 자원의 연결 역할이다. 집단지성의 운영을 통하여 회원 개인 및 지회에 정보와 네트워크를 제공하고 그들이 갖고 있는 문제 해결 능력 수준을 높일 수 있어야 한다.

셋째, 동문 및 유네스코한국위원회로 대표되는 기성세대와 대학생들 간의 파트너십 강화가 요구된다. 기성세대와 강력한 실천집단인 대학생들

간의 파트너십은 평등한 관계가 되어야 한다. 이들의 역량은 풍부한 경험에서 축적된 기성세대에 비교가 불가능할 수도 있다. 그러한 청년대학생 회원들을 위해 행동논리와 사업개발 및 운영 그리고 조직운용의 모든 면에서 기성세대는 파트너십으로서 그들의 경험을 공유할 필요가 있다. 특히, 유네스코한국위원회는 자발적 의사결정에 기초하여 강력한 파트너십 관계의 설정을 위하여 유네스코학생회 회원들에게 유네스코에 대해 충분히 이해할 수 있는 기회를 제공하여야 한다. 2016년부터 추진될 SDGs활동의 전개는 유네스코학생회의 차별화를 성취하고 실천과정을 통해 회원들의 역량개발을 지원할 수 있는 좋은 주제이고 기회라고 생각된다. 더 나아가서, 그러한 활동의 기회와 유네스코활동 관련 단체(기관)들로 형성된 네트워크시스템이 유네스코학생회가 속한 지역사회를 중심으로 제공된다면, 유네스코학생회의 위상과 유네스코이념의 파급력은 보다 강화될 것이다.

* 편집자 주 : 쿠사 창립50주년 특강 원고 게재.

(출처: 연세대유네스코학생회동문회)

조국순례대행진 50년
함께 걸은 50년
함께 걸을 50년

젊음은 행진한다.

영원히 사랑해야 할 이 조국의 땅을!

유네스코학생회(KUSA) 총동문회

유네스코학생회의 창립

1. 배경

유네스코학생회(KUSA ; Korean Unesco Student Association)는 지성의 요람인 대학에서 유네스코의 이념을 전파하고 건강한 대학문화를 창조하기 위해 활동하고 있는 유네스코 학생클럽(동아리)이다.

4·19 혁명, 5·16 군사쿠데타, 한·일국교정상화 반대시위의 혼란 속에서 학생운동과 그에 대한 탄압으로 인해 대학 캠퍼스가 황폐화되고 학업에 정진할 수 없었던 1960년대의 참담한 현실 속에서 학원의 풍토를 반성하고 대학에 새로운 기풍을 일으키고자 했던 학생지도자들에 의해 1965년에 처음 설립되었다.

당시 청소년·학생문제에 깊은 관심을 가졌던 유네스코한국위원회가 1965년 7월 수원의 서울대 농대 캠퍼스에서 유네스코 학생 썸머스쿨을 개최하게 되었고 이것이 KUSA 설립의 직접적인 계기가 된 것이다.

이 썸머스쿨은 집단활동을 통한 사회성 훈련 및 지역사회와의 연결을 도모하는 실험학교로서 중요한 의의가 있었으며, 교외교육으로서 학생들 스스로가 목표를 설정하고 이를 탐구·실천하는 시범적 활동이었다. 참가자들은 당시의 학원 풍토를 반성하고 새로운 물결이 계속적으로 각 대학교 캠퍼스에서 일어나야 될 필요성을 느꼈으며 이에 따라 썸머스쿨에 참가하여 유네스코 이념에 공감했던 참가자들이 각 대학에 돌아가 서강대학교를 필두로 13개 대학교에서 자발적으로 KUSA를 결성하기 시작하였고 '자각적 탐구와 실천적 참여'를 내세운 KUSA운동은 짧은 기간 내에 요원의 불길처럼 전국으로 번져 나가게 되었다.

새물결운동

1. 배경

새물결운동은 지각 있는 젊은이들의 자발적 결심이고 계획이며 실천이다. 참으로 뜻있는 학생들의 자기비판, 자기발견, 자기갱신을 출발점으로 하여 가정, 학교, 국가, 사회로 연결되는 개혁을 위한 조용하고 정직한 결단에서 우러나온 것이다.

1965년 학원과 사회의 극심한 혼란과 무질서 속에서 싹트기 시작한 새물결운동은 한국 학생운동의 새로운 면모를 갖고 시작된 것이다.

유네스코한국위원회에서는 1965년 서울 농대에서 제1기 썸머스쿨을 개최하여 젊은이들로 하여금 누적된 사회문제, 대학의 문제, 자기의 문제를 토론하게 하여 새로운 질서와 가치가 필요함을 느끼게 하였다. 그리하여 그들은 나름대로 해결 방법을 찾아 고민하고 노력하는 기풍을 학내에서 2년간 계속했다. 이것이 새물결운동의 시작이었다.

새물결운동에 참여한 사람들은 단순히 그들의 문제에만 집착하지 않고 보다 광범위하고 깊이 있는 철학을 갖기 위해 끊임없이 연구하고 토론하였다. 따라서 새물결운동의 기조는 한국 학생운동의 이념적 근간을 유지하면서 새로운 대학운동으로써 시작되었던 것이다.

2. 목적

유네스코학생회가 전개하고 있는 '새물결운동'은 유네스코학생회의 정신적 출발점이자 목표이다.

이 운동은 그 헌장에서 밝히고 있듯이 '새로운 인간관계의 창조를 통하여 세계평화와 인류복지 구현에 기여하려는 젊은이들의 자발적 자아개혁운동'이다. 더욱 구체적으로 말하면, 젊은이들이 스스로의 가치관과 주체성을 세우는 자각운동, 역사적·사회적 진리를 추구하는 탐구운동, 개인이 갖는 편견의 벽을 무너뜨리고 만남의 가능성을 확인하는 대화운동, 더불어 함께 사는 공동체를 건설하기 위한 협동운동이며 나아가 새로운 미래의 담당자로서 가정, 학교, 지역사회와 국가발전에 능동적으로 기여하려는 실천운동이다.

인간의 마음속에 평화를 지키고자 하는 지적·도덕적 각성을 불러일으키는 것이 유네스코 활동이라고 한다면, 마치 작은 조약돌 하나가 호수에 커다란 파문을 일으키듯이 타인, 이웃, 사회, 세계로 그러한 각성이 물결처럼 퍼져 나가게 하는 것이 새물결운동이다. 그러한 의미에서 새물결운동 이념은 아주 적극적인 형태의 유네스코 이념으로서, 바로 지금 이 땅의 젊은이를 대상으로 하는 매우 구체적인 실천이념으로 파악할 수 있다.

초창기에 깊은 사색과 대화, 열띤 토론과 실천을 통해 정립된 새물결운동 이념은, 시대의 변화 속에서도 뿌리를 잃지 않고 모든 새물결인의 맥박 속에 살아 숨 쉬고 있다.

3. 이해
1) 새물결운동의 전개과정

새물결운동은 '나'로부터 시작하며, 나는 새물결운동의 궁극적 주체이다. 새물결운동의 헌장은 자아개혁을 제일 첫 관계로 채택하고 있다. 자아개혁은 자기비판→자기발견→자기갱신의 단계를 통하여 가능하다. 또한 실천강령은 "나는 영원한 새물결운동의 실천자로서"로 시작하여 나로부터 시작되는 운동임을 명확히 하고 있다.

나로부터 시작된 새물결운동은 나와 너의 "이해의 터전 위에 선 창의적이며 우호적인 협동의 힘을 빌어 새질서 새가치를 창조"함으로서 창조적 사회의 실현과 세계평화에의 기여로서 종결된다.

2) 새물결운동과 만남

새물결운동은 인간의 만남에 대한 지침을 새물결운동 이념을 통해 제기하고 있다.

만남은 인격적인 만남이 전제된다. 인간이 생물학적 존재로서 탄생하여 성장해 가는 동안 수많은 만남을 통하여 사회적 존재(Social Being)로 변해 간다.

〈새물결운동의 전개과정은 이상과 같이 표로 나타낼 수 있다.〉

	새물결 운동	만남의 대상	새물결인	
나	자각	나	자기성찰적 인간	새로운 나
	탐구	역사	역사적 인간	
	대화	너	열려진 인간	
	협동	우리	더불어 있는 인간	
	실천	사회	성취하는 인간	

〈새물결운동을 통하여 가능한 만남과 만남의 영역〉

조국순례대행진

1. 배경

1974년 여름, 유네스코한국위원회와 한국유네스코 학생협회는 대학생들에게 국토를 걷고 민족문화의 현장을 답사함으로써 조국에 대한 사랑과 극기의 정신을 키우고자 우리나라에서 최초로 대규모 국토순례를 시도하였다.

'조국순례대행진'으로 불린 이 행진은, 취지문에서 밝히고 있는 바와 같이 "희망찬 조국의 내일을 향하는 젊은 대학인의 행진일 뿐 아니라 영원히 이어져야 할 겨레의 힘찬 행진이어야 함을 확신"한 획기적인 학생 프로그램이었다.

조국순례대행진은 1974년 8월의 제1회 대행진을 시발로 1980년과 1988년을 제외하고 매년 개최되어 1993년에 이르기까지 20년 동안 진행되었다. 매년 천여 명의 학생들이 참가한 가운데 4-6개의 도정으로 나뉘어 전국 방방곡곡을 누비는 이 젊음의 퍼레이드는 해를 거듭할수록 각 도로 연변과 중간 합류 지점 주민들의 열렬한 환영과 격려를 받았다. 이 젊음의 행진은 대학사회에 신선한 충격을 선사했고 그 후 많은 국내 단체들의 국토순례프로그램의 원형이 되었다.

특히 유네스코학생회원들은 조국순례대행진을 통해 전국에서 온 참가자들과 뜨거운 우정을 나누었고 마지막 날인 광복절에는 순례 참가자들뿐 아니라 일반회원, 선배, 지도교수 등이 함께 모여 행진 보고를 하고 합류 축제를 벌이며 하나된 젊음의 정열과 이상을 불태움으로써 영원히 잊혀지지 않을 소중한 기억을 간직하였다.

이 행사는 참가 학생들이 전국 곳곳을 순례하는 가운데 그 최종 합류지도 매년 바뀌어 참가자들의 지역 간 교류를 꾀하기도 했는데 10회를 거치는 동안 부여, 안동, 진주, 전주, 청주, 이천 등에서 합류하였다.

그러나 20년을 거치는 동안 조국순례대행진에 대한 기대의 내용이 바뀌고 우리 사회의 조건들에 많은 변화가 생김으로써 기존의 순례 형태를 극복하자는 논의가 생겨났다. 그러나 유네스코학생회로서는 조국순례대행진이 차지하는 비중이 워낙 컸던 탓에 새로운 변화를 모색하는 데 다소 늦었고, 학생 일반의 관심도 차츰 단순한 극기와 국토애보다 다양한 활동과 세계에 대한 관심으로 옮겨감에 따라 조국순례대행진은 1993년의 행진을 끝으로 역사적인 첫 장을 마감하게 되었다.

그 후 21회부터는 강원대학교 쿠사가 자체적으로 조국순례대행진 한맥도정, 울산대학교의 화랑도정, 동아대학교의 백두도정이 조국순례대행진을 맥을 이어 오고 있다.

2. 목적

새물결운동을 실천하고 탐구하는 대학인들이 조국의 역사 현장 및 변화의 현장을 순례·답사함으로써, 체험적 조국애를 고취시키고, 현장학습을 통해 민족의 현실을 정확히 인식하며, 변화·발전하는 조국의 현실을 직시함으로써 역사의식을 확립하고 극기의 체험과 각 도정별 특성에 따른 탐구활동으로 자아 성장의 기회를 마련하며, 집단생활을 통한 협동적이고, 진취적인 새 대학인 상을 창조하여 역사와 사회 속에 대학인으로써의 소명과 사명을 다하기 위해 마련된 프로그램으로 1974년 이래 새물결운동 실천의 일환으로 매년 실시되었다.

취지문에서 밝히고 있듯 조국순례행진은 "희망찬 조국의 내일을 향하는 젊은 대학인의 행진일 뿐 아니라 영원히 이어져야 할 겨레의 힘찬 행진이어야 함을 확신하고" 전진의 깃발을 들었다.

3. 조국순례대행진에 붙임

1

작열(灼熱)하는 태양(太陽), 숨 막히는 이 무더위에, 만장폭포(萬丈瀑布) 비류직하(飛流直下)의 장엄청렬(莊嚴淸洌)함을 실감(實感)케 하는 행사(行事)가 벌어지고 있다. 이름하여 제1회 조국순례(祖國巡禮)대행진(大行進)!

전국(全國)에서 2천여 명의 고등학교 및 대학의 젊은이들이 참가(參加)하는 이 대행진은, 오는 8월 5일, 서울, 남원(南原), 보은(報恩), 합천(陜川) 등 네 곳에서 일제(一齊)히 발대식(發隊式)을 거행(擧行)함으로써 그 웅보(雄步)를 내디디어, 14일, 백제(百濟)의 고도(古都) 부여(扶餘)의 백마강(白馬江) 백사장(白沙場)에서 전원(全員) 야영(野營)을 하면서, '아, 4천3백 년!'이란 주제(主題)의 축제(祝祭)를 가지고, 이튿날 다 함께 조국 광복(祖國光復)을 기념(紀念)하는 식전(式典)에 참가, 다시 한번 조국애(祖國愛)를 마음에 새김으로써 그 대단원(大團圓)의 막(幕)을 내린다고 한다.

그동안 이들은 도보 순례(徒步巡禮) 대행진을 체험(體驗)하면서, 때로는 이 아름다운 강산(江山)에 서린 정기(精氣)를 쐬며 조상(祖上)의 음성(音聲)을 듣기도 하고, 때로는 지역사회(地域社會)의 개발현장(開發現場)에서 땀의 의미(意味)를 음미(吟味)하기도 하며, 가장 고요한 시간에는 선배(先輩)들과 마주 앉아 조국(祖國)과 나의 내일(來日)을 명상(冥想)하기도 한다 하니, 그 장엄(莊嚴)하고도 진지(眞摯)한 모습을 상상(想像)하는 우리의 가슴은 말할 수 없는 충족감(充足感)으로 벅차 옴을 막을 길이 없다.

이에 우리는, 제1회 조국순례(祖國巡禮)대행진이, 참가자 전원이 표방(標榜)한 바 그대로, 눈은 세계(世界)를 향하며 가슴은 조국을 안아, 너와 내가 함께할 수 있는, 차원(次元) 높은 인격(人格)을 함양(涵養)하는 계기(契機)가 되기를 충심(衷心)으로 바라며, 몇 마디 당부의 말을 붙이고자 한다.

2

우리가 당부하고자 하는 바 첫째의 것은, 노방(路傍)에 구르는 돌 한 덩이, 들에 핀 어린 꽃 한 송이도 가볍게 보지 말아 달라는 것이다. 민족사(民族史) 5천 년이 어디서 이룩되었으며, 우리 자손(子孫) 억만 대(億萬代)의 행복(幸福)이 또한 어디서 이루어질 것인가? 이 돌 한 덩이 저 꽃 한 송이가 바로 우리 국토(國土)를 구성(構成)하는 요소(要素)이다. 그러므로, 이제 창천(蒼天)에 계시는 우리 조상은 이를 지키기에 신명(身命)을 도(賭)했으니, 이 돌을 가슴에 대보고 저 꽃에 뺨을 비벼 보라. 그러면, 그 돌과 꽃 속에 흐르는 피의 뜨거움을 느낄 것이다.

둘째는, 머잖아 황금 물결로 풍요(豊饒)를 이룰 저 들을 다만 아름답게만 보고 지니진 말아 달라는 것이다. 나그네로서 보는 들은 목가적(牧歌的)이요, 낭만적(浪漫的)이요, 그래서 다만 아름답기만 한 것일 수도 있다. 그러나, 저 들을 가꾼 사람들의 눈으로 보는 들은 실로 뼈마디 쑤시는 현실(現實)이요, 그래서 끊으려야 끊을 수 없는 애착(愛着)을 느끼게 하는 그런 존재(存在)이다.

여름방학이 되면 수많은 청년학도(靑年學徒)들이 농촌(農村)으로 나가는 것을 우리는 눈 여겨 보아 왔거니와, 처음에는 계몽운동(啓蒙運動)이던 것이 차차 봉사활동(奉仕活動)으로 변모(變貌)되고, 이제는 마침내 자기발견(自己發見)의 진지(眞摯)한 노력(努力)으로 승화(昇華)되고 있음을 본다. 아마도 이 대행진에 참가한 청년들 중에는 이미 농촌을 다녀온 사람들도 많으리라.

전원(田園)의 아름다움을 만끽(滿喫)하며 목가(牧歌)를 불러도 좋으리라. 그러나, 가장 겸손(謙遜)한 마음으로 벼 포기를 들여다보라. 가장 애정(愛情) 있는 손길로 농부(農夫)의 마디 굵은 손가락을 만져 보라. 그리고, 자아(自我)를 개편(改編)하라.

이상(理想)은 흔히 청춘(靑春)의 특전(特典)이라고 한다. 참으로 이상이 없는 청춘은 사막(沙漠)과 같은 것이다. 그러나, 현실이 따르지 않는 이상은 한낱 공허(空虛)한 메아리일 뿐이다. 뼈마디 쑤시는 현실에 발을 붙이고 이상을 추구(追究)하는 것만이 우리의 현실을 고양(高揚)하는 정도(正道)임을 깨달아야 한다. 다시 한번 당부하거니와, 저 아름다운 전원(田園)을 보고, 그 밑동이 되는 현실을 살펴 자기(自己)를 발견(發見)하라.

셋째로 우리가 당부하고자 하는 바는, 이 장엄(莊嚴)하고도 진지(眞摯)한 대행진의 체험(體驗)을 고귀(高貴)한 교훈(敎訓)으로 오래오래 간직해 달라는 것이다. 만일, 이 고귀한 체험을 다만 한때 젊음을 발산(發散)한 것으로만 기억(記憶)할 사람이 있다면, 그는 우리의 기대(期待)를 저버린 사람이 될 것이다. 때로는 이 체험으로써 사색(思索)의 제목(題目)을 삼기도 하고, 때로는 이 체험으로씨 자신을 편달(鞭撻)하기도 하여, 일신우일신(日新又日新)히는 사람이 될 때, 비로소 그는 우리가 우리의 장래(將來)를 위임(委任)할 수 있는 미더운 일군이 된다는 점을 명심(銘心)해야 할 것이다.

마지막으로 당부하고자 하는 바는, '우리 의식(意識)'의 고양에 관한 것이다. 경기(京畿), 충청(忠淸), 호남(湖南), 영남(嶺南) 등으로 나뉘어 발대(發隊)하여 한곳에 집결(集結)함으로써 대단원(大團圓)에 이른다는 것은 매우 깊은 상징적(象徵的) 의미를 띤다고 할 것이다. 우리는 각자 독립적(獨立的)인 인격(人格)으로 존재(存在)한다. 동시에 '너'와 '나'는 형제(兄弟)요 자매(姉妹)요, 그리하여 한 가족(家族)이다. 이러한 사실을 체험으로 깨달아 '한 가족 의식', '우리 의식'이 고양되기를 빌어 마지않는다. 이러한 의식의 고양이야말로 다음 세대(世代)의 역사(歷史)를 찬연(燦然)하게 하는 원동력(原動力)이기 때문이다. 우리는 여기서, 이들이 표방(標榜)한 바 "마음의 벽을 허물고 흩어진 힘을 하나로 모은다." 함에 대하여 충심(衷心)으로부터의 찬의(贊意)를 표하는 바이다.

3

우리는 이상에서, 제1회 조국순례대행진에 대한 우리의 충족감을 피력(披瀝)하고, 이에 참가하는 젊은이들에게 몇 가지 당부의 말을 전했다.

이제 돌이켜 보매 조국의 광복을 맞아 흥분(興奮)과 감격(感激)으로 환호(歡呼)한 지도 어언한 세대가 흘렀다. 그동안, 안으로는 공산당(共産黨)의 남침(南侵)으로 인하여 가장 쓰라린 민족적 슬픔을 강요(强要)당하기도 했고, 밖으로는 국제정세(國際情勢)가 반드시 우리에게 유리(有利)하게만 진전(進展)되는 것도 아니어서 적잖은 괴로움을 맛보기도 했다. 그러나, 이러한 모든 난관(難關)을 극복(克服)하고 우리는 이제 웅비(雄飛)를 위한 발판을 굳히기에 이르렀으니, 잠시 과거(過去)를 돌이켜 보는 우리의 가슴은 실로 감개무량(感慨無量)한 바 없지 않다.

이제 세어 보니, 광복절(光復節)도 열흘 남짓하다. 조용히 눈을 감아 본다. 이 날에 백마강에 모여서 소리 높이 외칠, 웅비의 주역(主役)들의 대한민국만세(大韓民國萬歲)의 함성(喊聲)이 들려오는 듯하다.

무더운 날씨에 일기(日氣)도 고르지 못하다. 참가자 전원이 모두 건강(健康)한 모습으로 이 장엄한 대행진의 대미(大尾)를 거두기 바라는 바이다.

기념축가

최윤정 (작사)

이한경 (음원)

오형기 (채보)

〈조국순례대행진 50주년 기념 축가〉

당신

최윤정 (25기)

바다는 상어 빛 머플러로 어깨 감싸고

창틀을 부딪는 물 끓는 소리
귓불이 간지러워

물결치며 다가서는 숨결
전해지지 못한 말들이

모래처럼 가라앉는 시간
그립고 다시 반가워

햇살이 손목 잡고 나선 구름과
비탈진 빛과 함께 익어 가는 마음
반갑고 다시 그리워

사슴이 자라나는 얼룩진 손수건처럼
당신의 숨결 가장자리쯤에서 나부끼는 미소

마지막 순간까지 먼 빛이 곰곰 생각하는

둥글고 깊은 슬픔까지
그립고 다시 반가워

반갑고 다시 그리워

* 음원: 이한경
* 채보: 오형기

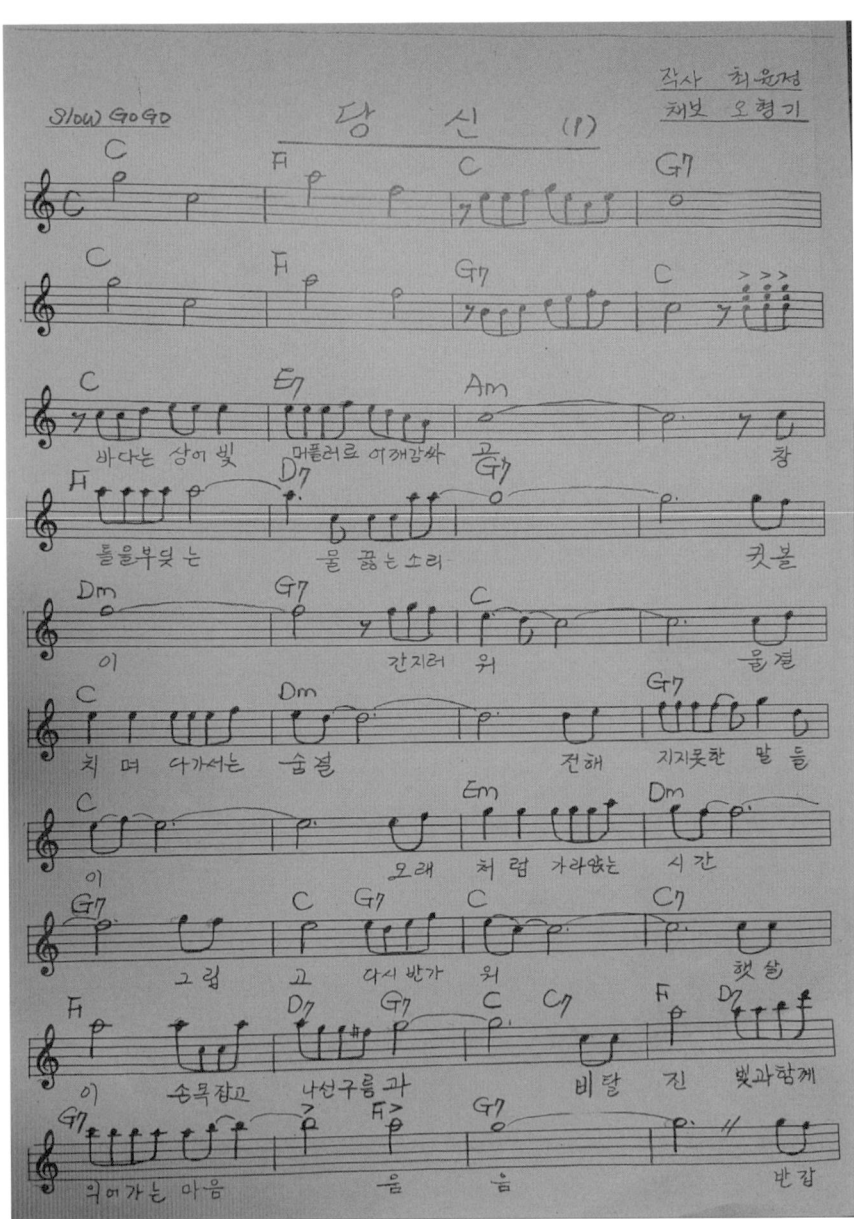

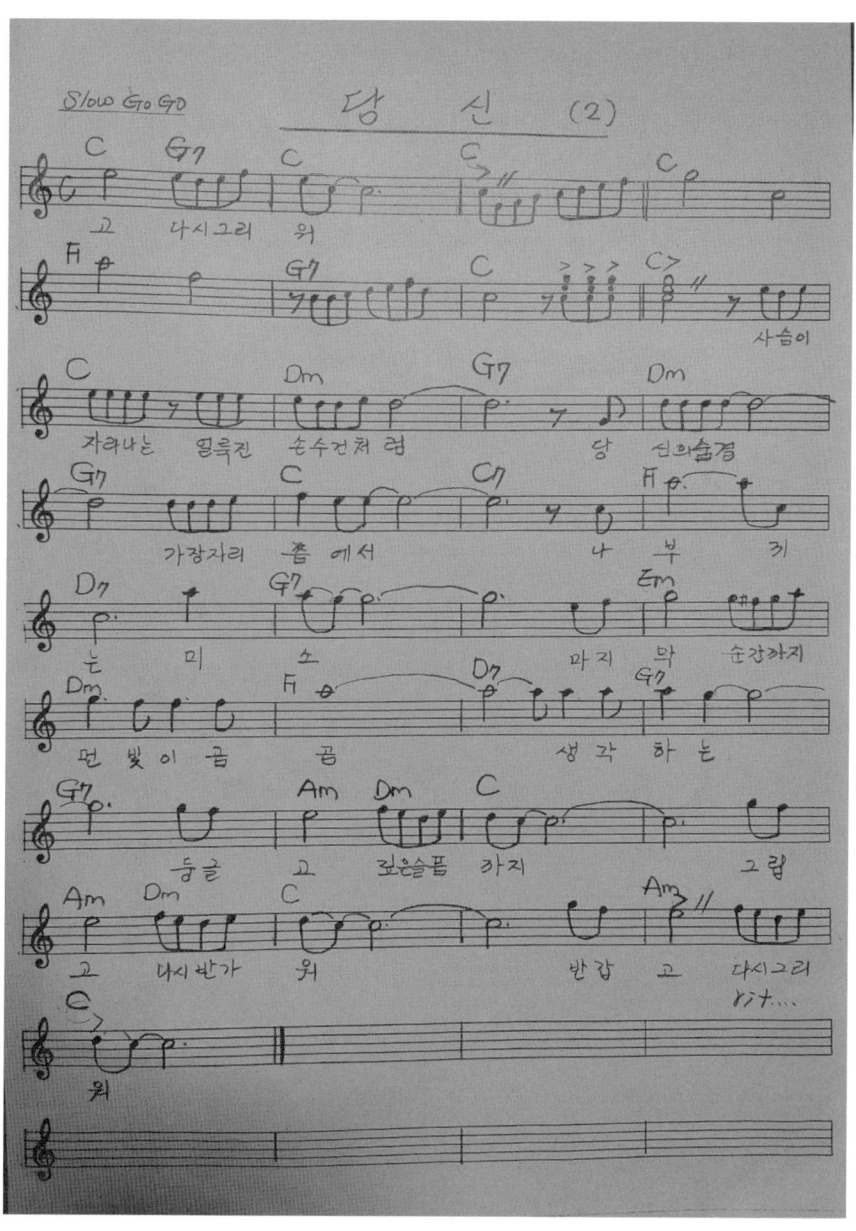

〈조국순례대행진 50주년 기념 축가〉

조국순례대행진 연혁 및 자료 사진

제1회 조국순례대행진

학생「순례대행진」5일 네 곳서 발대
중앙일보

입력 1974.08.01 00:00

「유네스코」한국위원회가 고교 및 대학생에게 체험적 조국애와 역사적 사명감을 체득시키기 위해 마련한「제1회 조국순례대행진」이 2천1백82명의 전국 남녀 학생이 참가한 가운데 5일 상오 9시 서울·남원·보은·협천 등 4곳에서 일제히 발대식을 갖는다.

15일까지 계속될 이 대회는 도보행진으로 대전·부여에 이르는 총 6백56km를 하루 20km씩 행군, 10일 상오 대전충무체육관에서 합류기념식을 가지며 김종필 국무총리가 참석, 행군대원들을 격려한다.

제1회 조국순례대행진

조국순례 대행진 대학생 천7백 명
중앙일보

입력 1974.08.05 00:00

　전국 49개 대학과 14개 고교생 등 1천7백29명의 학생들이 참가한 조국순례대행진이 5일 상오 9시 서울·호남·영남·충청 등 4개 지역에서 충남공주를 향해 일제히 시작되었다.

　10일 예정으로 도보행진은 새로운 대학생상정립과 건전한 대학풍토조성을 목표로 한다는 것인데 학생들은 이날부터 낮에는 1일 약 20㎞의 도보행진을 통해 역사의 현장을 직접 답사, 조국애를 체험한다는 것이다.

제1회 조국순례대행진

젊은 지성의 대열 산하를 누빈다 | "새 물결 운동" 심는「조국순례대행진」

중앙일보

입력 1974.08.10 00:00

〈남녀 학생 천7백여 명 참가〉

젊음과 지성의 대열이 조국의 산하를 누빈다. (통)기타·청바지의 흥겨운 여행이나 등산은 결코 아니다. 젊은이들이 역사의 현장을 두루 답사하여 겨레의 슬기와 조국의 숨결을 직접 보고 느끼며 새로운 가치관을 모색하고 참된 조국애를 기르기 위해 여름 방학을 틈탄 고행의 길에 오른 것이다. 이름 하여「조국순례대행진」.

「유네스코」한국위원회 주최로 지난 5일 상오 서울·보은·남원·합천 등 전국 4개 지역에서 각각 발대식을 갖고 순례길에 나선 이들은 전국 49개 대학 14개 고교 1천7백29명의 남녀 학생들. 이 가운데 여자가 8백3명이다. 이들은 오는 15일까지 11일간의 예정으로 최종 집결지인 부여 백마 강변을 향해 매일 20km의 도보 행진을 계속 중이다.

서울(8백94명)·충청(2백78명)·호남(2백42명)·영남(3백15명)등 4개 반으로 나뉘어 반별로 다른「코스」를 따라 행진해 온 대원들은 10일 상오 대전에 도착, 충무 체육관에서 김종필 국무 총리의 격려를 받으며 합류식을 가졌다.

〈낮에는 행진 밤엔 대화·토론〉

서울 서강대를 출발한 서울반은 평택·온양·조치원을 거쳐 대전에 닿았고, 보은에서 옥천·영동을 거친 충남반과, 남원에서 장수를 경유한 호남반 및 합천에서 거창을 거친 영남반은 지난 7일 전북 무주군 읍내 리에서 일단 합류, 이웃 용포리 잠두마을 앞 백사장에서 야영한 뒤 금산을 지나 대전에 도착한다. 서울 반은 현충사(충남 아산군)를 참배, 충무공의 거룩한 순국 정신을 배웠고, 3개 지방 반은 칠 백의 총(충남 금산군)을 답사, 임진왜란 때 죽음으로써 나라를 지킨 그들의 애국적인 투혼을 추모했다.

이들은 폭양과 폭우를 헤쳐 강행군을 계속하는 동안 오곡이 무럭무럭 자라나는 8월의 푸른 들판과 메마른 산하, 그리고 초라한 초가집들을 보면서 우리의 선조들이 5천 년을 지켜왔고 또 우리 후손들이 영원히 키워 나갈 이 조국의 산하를 둘러보았다. 이들은 아침 6시에 일어나 낮에는 발이 부르트도록 행진을 하고 밤에는 강연을 듣거나 대화를 통해 조국을 위해 무엇을 할 것인가 토론했다.

연세대 3년 김배윤 군(22)은『한 발짝 한 발짝 내딛는 이 땅이 바로 내가 영원히 사랑할 조국이라는 사실을 새삼 느낀다』고 했고 숙명여대 2년 이명희 양(19)은『도보 행진이 몹시 힘들기도 하지만 이를 극복하는 것이 곧

나라 사랑하는 법을 배우는 길이 아니겠느냐』고 반문했다.

〈교양 넓혀 참된 조국애 길러〉

「유네스코」학생협회 회장 부중환 군(23·외국어대 4년)은 『발이 부르터지고 발목이 시도록 조국 땅을 밟음으로써 인격과 교양의 폭을 넓히고 참된 조국애를 기르며 자각과 탐구, 대화와 협동, 실천을 통한 「새물결운동」을 전국 곳곳에 심어 주는 것』이 순례 행진의 목적이라고 설명했다.

이들의 조국 순례는 화랑정신의 계승이자 독일 청년 남녀의 「반더포겔」(Wandervogel)운동과 「이스라엘」 청소년들의 「가드나」(GADNA)운동 등과도 흡사하다.

화랑정신이 신라의 삼국통일의 밑거름이 됐던 것처럼 「반더모겔」은 1차 대전 후 잿더미 속의 독일 재건에 크게 기여했고 옛 「로마」군으로부터 받아 온 민족 박해의 현장을 순례하며 조국애를 기르는 「가드나」는 「이스라엘」의 오늘을 지키는 원동력이 되고 있다.

출발 후 6번째의 숙박지인 충남 대학에서 하룻밤을 보낸 순례자들은 보급 차량으로 날라다 준 아침식사를 마치면 여독을 풀 겨를도 없이 마지막 집결지인 부여를 향해 다시 발걸음을 옮겨야 한다.

〈백마 강변서 민속 축제 벌여〉

마지막 남은 「코스」는 계룡산 국립공원 입구와 공주읍을 거쳐 백마 강변까지 이르는 2백여 리 길. 최종 목적지 도착은 오는 14일 낮 12시쯤으로 강변 모래사장에 설령 작업을 마치면 수려한 자연을 마음껏 호흡하며 춤과 노래·민속놀이 등 다채로운 기념 축제로 대행진의 「피날레」를 장식할 예정이다.

15일 상오에는 부여 박물관과 부소산 공원을 답사, 찬란했던 백제의 옛 문화를 되새겨 보고 광복절 기념식을 가진 뒤 하오에는 전국 대학생들에게「새 물결 운동」에 적극 참여해 줄 것을 당부하는「메시지」낭독을 끝으로 11일간의 행진을 모두 마치게 된다.「유네스코」한국위원회 김규택 사무총장은『이빈 행사가 한국 학생 운동의 새로운 전환점을 모색하는 계기가 될 것』이라고 지적, 기성세대는 젊은이들의 이 같은 의지가 꽃필 수 있도록 북돋워 주어야 한다고 강조했다.

『혼자면 독서, 둘이면 대화, 셋이면 합창·넷이면 운동』. 하늘색「유니폼」,「베이지」색 모자에 20kg의 배낭을 걸머진 젊은 순례자들은 옛 백제의 화려했던 고도를 향해 발길을 재촉했다. 〈글=오만진 기자〉

제1회 조국순례대행진 대전 합류(대전에서 합류한 후 충남 부여에서 최종 집결하여 광복절 행사를 가졌다.

제2회 조국순례대행진

30개대 5백여 명

중앙일보

입력 1975.08.11. 00:00

　서울대 등 전국 30개 대학 남녀 학생 5백여 명(여자 2백20여 명)은 11일부터 19일까지 「유네스코」 한국위원회가 주최하는 제2회 조국순례대행진 길에 나섰다.

　참가 학생들은 한양길 답사 「코스」(문경~충주)와 동해안 답사 「코스」(울진~북평)로 구분, 10일 하오 8시 경북 문경군 점촌읍과 울진군 기성국교에 각각 집결, 발대식을 가졌다.

제2회 조국순례대행진

조국순례행진 학생 최종 집결지에 모여
중앙일보

입력 1975.08.18. 00:00

「유네스코」한국위원회주최 제2회 조국순례대행진에 나선 남녀 대학생 5백여 명은 18일 최종 집결지인 경기도 이천군 호법면 「유네스코」대학생 종합수련장에서 「유네스코」학생회 10주년 기념식과 가장행렬대회 및 10주년 기념제전을 가졌다.

제2회 조국순례대행진

조국 순례행진 폐회
중앙일보

입력 1975.08.19 00:00

「유네스코」 한국위원회 주최 제2회 조국순례대행진에 나섰던 전국 30개 대학 남녀 학생 5백여 명은 19일 상오 경기도 이천군 호법면 매곡리 「유네스코」 대학생 종합수련장에서 8일 동안 연 8백km의 순례 답사를 마무리 짓는 폐회식을 갖고 해산했다.

중부 내륙 지방을 종단 행진하는 한양길 답사 「코스」와 관동지방을 행진하는 동해안 답사 「코스」 등 2개 「코스」에 참가한 학생들은 그동안 5인 1조의 공동 생활조를 편성, 스스로 취사와 야영을 하며 협동정신을 기르고 각 고장의 역사 및 문학의 내력과 지역사회의 생활 모습을 살펴보았다.

제3회 조국순례대행진

52개대 1천3백 명 참가 광부기념 조국순례대행진 개막
매일경제

입력 : 1976-08-07 17:46:01

3회 조국순례대행진이 7일 상오 10시 전국 52개 대학의 남녀 대학생 1천3백 명이 참가한 가운데 9일간에 걸친 조국 순례의 막을 올렸다.

유네스코한국위원회가 주최하는 이 대행진은 퇴계팀, 온달팀, 계백팀, 화랑팀 등 4개 코스별 행진 대열을 편성, 각각 충북 단양, 강원 영월, 전북 무주, 경북 경주를 동시에 출발했는데 『조국, 이 땅에 우리의 젊을 심사』는 구호 아래 오는 15일까지 9일간 충북, 전남, 경남, 경배, 강원도 등 5개 지역을 하루 평균 15㎞씩 도보로 답사한 후 마지막 날인 15일 경북 안동의 낙동강 백사장에서 4개 팀이 합류, 광복절 기념식과 폐막 축제를 갖는다.

제3회 조국순례대행진

조국순례대행진 1천3백여 명 출발

중앙일보

입력 1976.08.07 00:00

　조국의 어제와 오늘의 현장을 도보 답사하며 체험으로 조국애를 다지기 위해 마련된 제3회 조국순례대행진이 전국 52개 대학 1천3백여 남녀 학생들이 참가한 가운데 7일 시작했다.

　「유네스코」 한국위원회주최로 15일까지 실시되는 이번 대행진은 『조국, 이 땅에 우리의 젊음을 심자』라는 구호 아래 「퇴계」 「온달」 「계백」 「화랑」 등 4개 「팀」으로 편성, 충북 단양, 강원도 영월. 전북, 무주, 경북, 경주에서 각기 출발, 15일 광복절 기념일에 맞추어 낙동강 백사장에서 합류하게 된다.

제3회 조국순례대행진 합류기념비(안동시 소재) 1976년 8월15일

제4회 조국순례대행진

조국순례대행진 1천5백 명 참가
입력 : 1977-08-06 18:08:14

1천5백 명 참가

  조국의 현장을 답사하면서 체험으로 민족의 슬기와 얼을 학생들에게 심어 주기 위해 유네스코한국위원회가 주최하는 조국순례대행진이 서울대 등 전국 55개 대학의 1천5백여 대학생이 참석한 가운데 7일부터 15일까지 전국 4개 코스에서 일제히 실시된다.

제4회 조국순례대행진 (1977년)(청주 상당산성)

제5회 조국순례대행진

대학생들 국토순례 56개대서 천3백 명
입력 : 1978-08-07 18:31:36

  56개 대서 천3백 명 대학생들이 여름방학을 이용, 국토를 순례하는 제5회 조국순례대행진이 6일 상오 8시 4개 도정별로 1천3백여 명이 발대식을 갖고 10일간의 행군에 들어갔다.

5회 조국순례대행진(진주고등학교 합류)

제6회 조국순례대행진

조국순례대행진
중앙일보
입력 1979.08.11 00:00

　높고 낮은 산허리를 돌아 먼지 나는 신작로를 젊음이 줄지어 간다.
　대학생들의 조국순례대행진이 올해로 여섯 번째를 맞았다. 60개 대학에서 참가한 1천3백 명의 남녀 대학생들이 4개 반으로 나눠 광복절 날 전주에서 만나기로 약속하고 지난 7일부터 행진을 계속한다.
　「포플러」그늘에서 울려 오는 매미소리를 들으며, 들판을 가로질러 불어 오는 바람 속에서 여름을 식히고 극기를 배우며 걷는다.
　아침 6시에 기상, 국기 게양식을 갖고 체조·식사를 마치면 행군이 시작된다. 정오에 점심을 먹고 휴식을 취한 후 하오 3시에 행군길에 올라 하루 보통 5시간씩 16킬로미터를 걷는다.
　저녁에는 야영지에서 강의를 듣고 젊은이의 자세를 모색한다. 충남 수덕사를 출발, 홍성군 갈산을 거쳐 10일 하오 충남 보령군 오천 천주교 성지에 도착한 백의반(제3반)은 「한국천주교의 정착과 그 역사적 배경」을 듣고 천주교순수비도 참례했다.
　학생들은 『시골길을 행군하며 향긋한 흙냄새속에 선조들의 숨결을 느낀다』고 했다.

제6회 조국순례대행진

조국순례대행진 57개대 천여 명 참가
매일경제

입력 : 1979-08-04 18:54:37

조국순례대행진

57개대 천여 명 참가

전국 57개 대학 1천3백여 명이 참가하는 대학생조국순례대행진이 오는 7일부터 10일간 유네스코한국위원회 주최로 전국 일원에서 열린다.

  여름방학을 이용, 실시되는 이번 조국순례대행진은 「강과 인간」 「땅과 인간」 「바다와 인간」 「산과 인간」을 주제로 한 4개 도정으로 나뉘어 하루 16km씩 총 1백30여km를 도보 행진하여 광복절인 오는 8월 15일 전북전주에서 합류, 광복절 기념식을 갖는다.

  올해 여섯 번째 맞는 이 행진은 젊은이들이 현장학습을 통해 조국의 발전상을 익혀 진취적인 젊은이의 이상을 고취하기 위한 것이다.

제6회 조국순례대행진

조국순례행진 끝내 57개대 1천3백 명
매일경제

입력 : 1979-08-15 18:55:21

조국순례행진 끝내

57개대 1천3백 명

전주】조국순례대행진에 참가했던 전국 57개 대학 1천3백23명이 15일 낮 12시 전주 신흥고 교정에 집결, 9일간의 순례 행진을 끝냈다.

제7회 조국순례대행진 미실시

제8회 조국순례대행진

대학생 조국순례 5일 대행진 출발 1천6백명 참가
매일경제
입력 : 1981-08-05 19:54:16

대학생 조국순례 5일 대행진 출발
1천6백 명 참가

 전국의 전적지와 유적지를 순례하며 조국과 민족의 현실을 체험으로 배우는 제8회 대학생 조국순례대행진이 5일 하오 5시 태백 등 전국 5개 지점에서 시작된다.
 이 대행진엔 유네스코학생회원 1천4백명을 비롯 사우디아라비아 청소년지도자 연수단 1백20명 등이 참가한다.

제8회 조국순례대행진

조국순례행진 돌입 5도정 6일 발대식
매일경제

입력 : 1981-08-07 19:54:31

조국순례행진 돌입

5도정 6일 발대식

영월】유네스코한국위원회주최 제8회 조국순례대행진 제5도정(태백도정) 3백50명이 6일 상오 8시 영월군 영월읍 하송리 석정여중고 운동장에서 발대식을 갖고 7일 상오 8시 도보 행진에 들어갔다.

전국 61개대학에서 선발된 3백50명의 대학생이 참가하는 이 행진은 충북 청주시 충북체육관까지 179·5km를 도보로 행군 15일 광복절을 맞아 청주에 도착한다.【연합】

순례 중간 중간 무엇을 적고 있었는지?) 젊은, 조국 너를 세울지라 1981년 조국순례대행진

제8회 조국순례대행진

「조국산천에 민족의 얼을 찾아 고난의 어제를 떨쳐버리고…」 조국의 산하를 돌아보며 민족의 얼을 새기는 조국순례대행진 참가대학생 5개 도정 팀은 15일 상오 9시 40분 「조국순례대행진가」를 합창하며 청주시 충북체육관 앞 광장에서 모두 합류, 16일 상오 해단했다.

전국 61개 대학의 한국유네스코 학생회원 1천3백59명이 참가, 지난 6일 경북·전배·충남·강원 등 4개도 5개 지점에서 5개 도정 팀으로 나뉘어 일제히 출발한 이들은 합류 지점인 청주에 전원 무사히 집결함으로써 폭염 10일간의 등정을 성공리에 끝마쳤다.

제9회 조국순례대행진

제9회 조국순례대행진 8월 5일 발대식
중앙일보

입력 1982.07.20 00:00

「조국, 이 땅에 살으리라」는 주제를 내걸고 유네스코 한국위원회가 벌이는 제9회 조국순례대행진이 8월 5일 전국 6개 도정에서 동시에 발대식을 갖고 12일간의 순례 일정에 들어간다.

전국 62개 대학의 유네스코 학생회원 1천7백 명과 지도교수 20여 명등 모두 2천여 명이 참가하는 이번 조국순례대행진은 강원도 명주군 주문진읍 주문진중학교(제1, 2도정), 경북 안동시 중앙국민학교(제3도정), 경북 금능군 직지국민학교(제4도정), 전북 이리시 전북기계공고(제5,6도정) 등 6개 지점에서 각각 출발하게 된다.

참가 학생들은 매일 평균 6시간 동안 20km, 모두 2백km를 도보 행진하면서 현장 견학, 주민과의 대화, 지역 봉사활동을 펴고 지도교수로부터 현장 강의도 듣게 된다.

조국순례대행진 5일 일제발대식
매일경제

입력 : 1982-08-05 20:31:48

「조국, 이 땅에 살으리라」를 주제로 한 제9회 조국순례대행진이 5일 상오 10시 강원도 주문진읍 주문진중학교 등 전국 6개 도정에서 일제히 발대식을 갖고 12일간의 순례 일정에 들어갔다.

전국 62개 대학의 유네스코학생회원 1천7백 명과 각 대학교 지도교수 20여 명등, 총 2천여 명이 참가한 이번 조국순례대행진은 주문진(제1·2도정)을 비롯, 경북 안동시 중앙국민학교(제3도정), 경북 금릉군 대항면 직지국민학교(제4도정), 전북 이리시 전북기계공업고등학교(제5·6도정) 등 6개 지점에서 일제히 발대식을 가졌다.

　이번 행사에 참가한 학생들은 매일 평균 6시간 20㎞씩 총 2백㎞를 도보 행진하면서 현장 견학, 주민과 대화, 지역 봉사활동을 벌이면서 행진, 15일 경기도 이천 유네스코청년원에서 합류하게 된다.

제10회 조국순례대행진

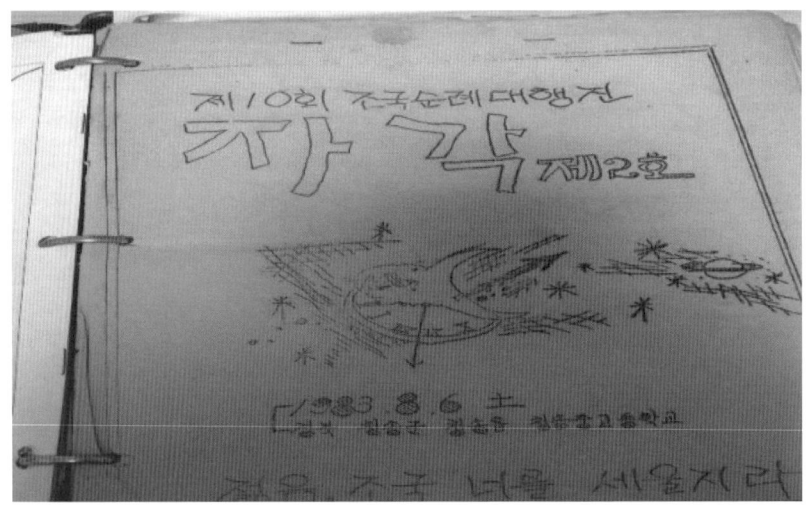

1983년도 조순대 하조대~이천수련원(강원도정) 사진으로 사진의 배경은 오대산 정상 부근.

제11회 조국순례대행진

제11회 조국순례대행진 발대
매일경제

입력 : 1984-08-03 21:41:47

「제11회 조국순례대행진」이 5일 전국 5개 도정에서 일제히 발대식을 갖고 10일간의 순례 일정에 들어간다.

유네스코 한국위원회가 주최하는 이번 대행진에는 전국 72개 대학(교)의 남녀 대학생 1천2백여 명이 참가하게 되는데 5일 상오 충남 서산군 남산면 남면국교(제1도정), 경북 금릉군 대항면 대룡국교(제2도정), 강원도 속초시 노학동 온정국교(제3도정), 경북 문경군 점촌읍 신긴국 신긴국교(제4도정), 전북 고창군 고창읍 고창여고(제5도정) 등 5개 지점을 시발로 10일간의 고행의 발길을 내딛는다.

제12회 조국순례대행진

제13회 조국순례대행진

제14회 조국순례대행진

'조국의 산하를 발로 배우자'
매일경제

입력 : 1987-08-05 23:20:11

유네스코 5일부터 7도정 나눠 순례
61개대 수해지원도

전국 61개 대학 남녀 대학생 1천2백 명이 참가하는 제14회 조국순례대행진이 유네스코한국위원회 주최로 5일 전국 7개 도정에서 일제히 발대식을 갖고 12일간의 순례대행진에 들어간다.

올해 조국순례대행진은 「남도민요 연수 도정」 「지리산 도보 종주 도정」 「남해안 답사 및 시조 연수 도정」 「섬 문화 답사 및 합창 연수 도정」 「안동문화 답사 도정」 「단양팔경 및 마당극 도정」 「차령산맥 도보 종주 도정」 등 지역적 특색을 살린 7개 도정으로 나뉘어 실시된다.

한편 충남, 전남, 경남 등 수해 지역을 지나게 되는 순례단은 수해복구에도 적극 참여할 계획이다.

제15회 조국순례대행진 미실시

제16회 조국순례대행진

제16회 조국순례대행진
중앙일보

입력 1989.08.05 00:00

유네스코한국위원회가 주최하는 제16회 조국순례대행진이 5일 전국 4개 도정에서 일제히 발대식을 갖고 12일간의 순례 행진에 들어갔다.

전국 66개 대학의 대학생 8백23명을 비롯, 총 1천여 명이 참가하는 이번 대행진의 주제는 「끝내는 한 길에 하나가 되리」.

제17회 조국순례대행진

제17회 조국순례대행진 개최
매일경제

입력 : 1990-08-01 01:09:52

유네스코한국위원회는 6~16일 전국 일원에서 조국순례대행진 행사를 갖는다.

제18회 조국순례대행진

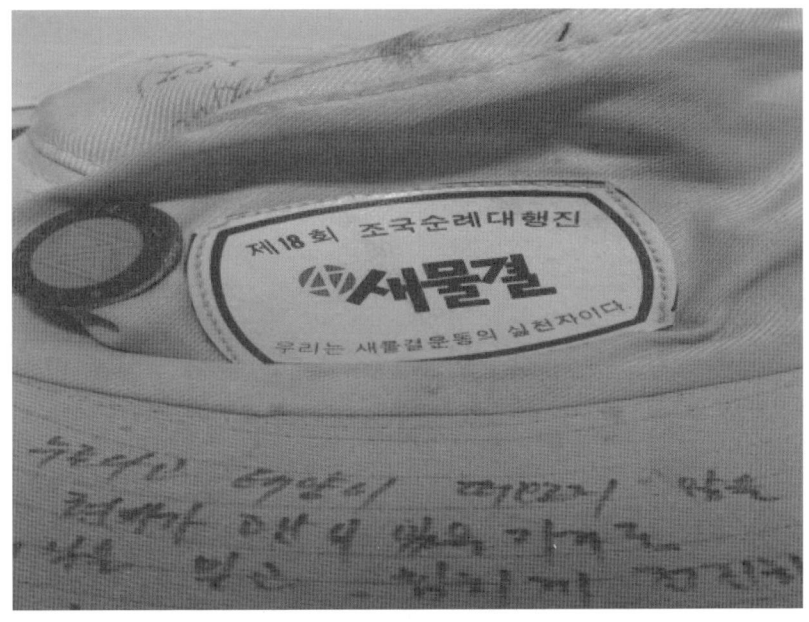

제19회 조국순례대행진

제20회 조국순례대행진

제21회 조국순례대행진

제22회 조국순례대행진

제23회 조국순례대행진

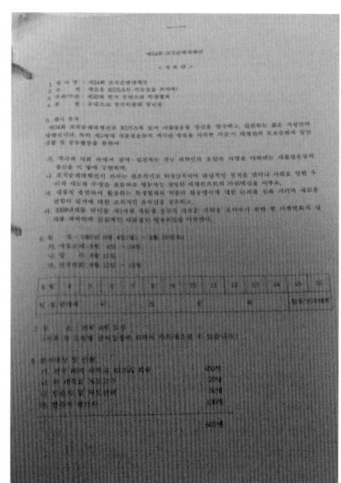

제24회조국순례대행진제25회 조국순례대행진

제26회 조국순례대행진

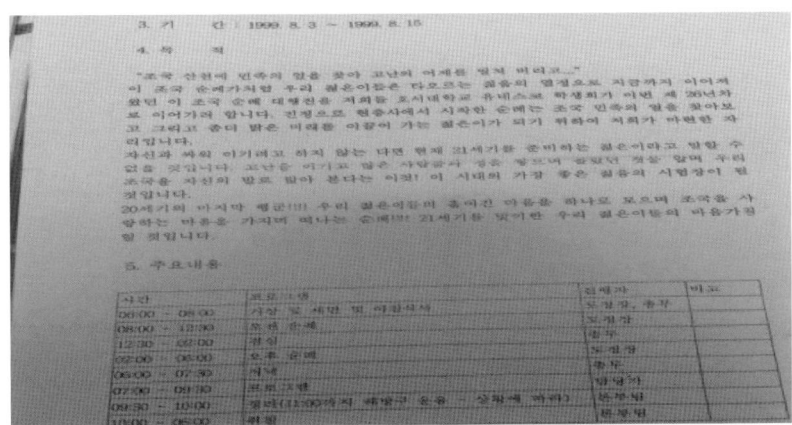

* 22회~26회 용대순(28금오공대) 제공.

제27회 조국순례대행진

제28회 조국순례대행진
제29회 조국순례대행진

제30회 조국순례대행진

동해바다를 보면서..

백두도정 170여명의 순례자들~~~

제31회 조국순례대행진

제32회 조국순례대행진

제32회 조국순례대행진 합류식
강원도민일보

입력 2005.08.16

광복 60주년을 기념해 전국의 대학생 300여 명으로 이루어진 제32회 조국순례대행진 합류식이 15일 강원대에서 열렸다.

지난 3일 양양을 출발해 강릉~평창~제천~춘천을 순례한 한맥도정팀과 부산을 출발해 지리산~춘천의 장도를 순례한 백두도정팀이 13일간의 대장정을 마치고 도착지인 춘천에서 모여 광복의 기쁨을 외치며 모자를 던지고 있다.

제33회 조국순례대행진

제34회 조국순례대행진

제35회 조국순례대행진

제36회 조국순례대행진

제36회 조국순례대행진 합류식 - 지속가능발전교육을 위한 도약
등록일 2009-08-24

　한국유네스코학생회(KUSA) 총동문회가 주최하고, 유네스코한국위원회와 한국유네스코협회연맹이 후원한 제36회 조국순례대행진이 8월 2일부터 14일까지 전국 3개 도정에서 전국 대학생 200여 명이 참가한 가운데 도보 행진으로 실시되었고, 8월 15일과 16일 양일간 경기도 이천 유네스코평화센터에서 합류식을 통해 대장정의 막을 내렸다. "마음의 벽을 허물고, 흩어진 힘을 하나로"라는 주제로 열린 이번 행사에는 전국 50여개 대

학 KUSA 회원 및 일반 대학생 200명이 참가하여 14일간 도보 행진하였고, 합류식에는 동문회원 100여 명이 가족과 함께 참석하여 후배들을 격려하였다.

　1974년부터 시작된 이 행사는 한국유네스코학생회(KUSA) 소속 대학들이 만드는 전국적인 연례행사이다. 45년의 오랜 전통을 자랑하는 KUSA는 대학사회에서 유네스코의 이념인 '평화의 문화'를 실천하고자 국내 대학 유네스코학생회가 결성한 연합체이다.

　참가자들은 8월 2일 경북 문경, 강원도 인제, 부산 등 3곳에서 출발해,

각 도정별로 250여km에 달하는 대장정을 마치고 합류지인 경기도 이천 유네스코평화센터에 모여 보름간의 활동 상황을 보고했다. 유네스코학생회 회원 및 동문 등이 장정을 마친 참가자들을 열렬히 환영하고 격려했으며, 특히 전택수 유네스코한국위원회 사무총장은 지속가능발전교육(ESD)을 주제로 한 특강을 통해 KUSA가 유네스코가 추진하는 ESD의 선구자가 되어줄 것을 당부했다.

특히 올해 행사에서는 참가자들이 유네스코 지속가능발전교육을 몸소 실천하기 위해 행사 기간 동안 머무는 지역과 숙영지에서 가급적 환경에 미치는 영향을 최소화하고자 화석에너지 소비와 이산화탄소 배출 등을 줄이는 실천 행동을 벌였으며, 도정별로 유네스코가 주도하고 있는 지속가능발전교육을 주제로 특강, 문화체험, 봉사활동, 캠페인 등 다채로운 행사를 가졌다. 치와 지역발전에 대해 논의했다.

제37회 조국순례대행진

제38회 조국순례대행진

합류식(강원대학교 종합운동장)

제39회 조국순례대행진

오늘 제39회 조국순례대행진의 장도가 시작됩니다.

최근 뿌리와 근거를 찾을 수 없는 모방(국토~, ~대장정 등)행사들의 폐해로 인해 진정한 젊은 이들의 숭고한 순례단에 대한 그릇된 시각이 우려되는 시기, 다들 여행과 아르바이트, 인턴십 등으로 바쁠 시간에 젊은이다운 결단을 내린 그들의 모습에서 선배로서 뿌듯함을 감출 수 없으며 내 과거 학창시절을 다시 한번 떠올려 봅니다.

36도 이상의 무더위를 뚫고 출발하는 모습은 뭉클한 감동을 느끼기에 충분했으며 세월의 무게로 이제는 참가자(참여자)로서보다 부모의 입장에서 후배들의 건강과 과연 모두 완주할 수 있을까 하는 염려로 선배로서 할 수 있는 모든 지원을 다 해주고 싶은 마음마저 들었습니다.

(당 행사는 젊은이 스스로 순례 중 마주치는 모든 극한상황에 대한 도전과 극복, 자아에 대한 고찰과 발견 등 어려운 환경을 극복함으로서 나와 우리가, 조국이 함께함을 느낄 수 있는 자발적인 젊은이들의 순례행사로 올해 39회째 진행되고 있습니다)

......

음, 한 걸음은 역사와 전설이 될 것이다. 모두 건강히 완주하길 빈다.

— 페이스북에 있는 형식 형의 글을 옮겼습니다.
오늘 발대식 참석 차 강원대 방문하고 귀경했습니다.
너무나 뜨거운 날씨 속에서도 꿋꿋하게 한 걸음 내딛는 후배들에게 많은 격려 부탁드립니다. ^^

제39회 조국순례대행진

제39회 조국순례대행진 화랑도정

울산신문

2012.08.05 20:46

제39회 조군순례대행진 화랑도정이 8.1~8.16일까지 전국유네스코 학생회원 및 대학생 93여 명이 참가한 가운데 열렸다. 박성민 중구청장이 3일 남외동 정지말 공원에서 출발 전 참가자들과 파이팅을 외치고 있다.

제40회 조국순례대행진

40년 전통의 조국순례대행진 올해도 이어져 한맥도정 조국순례대행진은 2013년 40회를 맞이하게 되었다.

'조국순례대행진'으로 불린 이 행진은 "희망찬 조국의 내일을 향하는 젊은 대학인의 행진일뿐 아니라 영원히 이어져야 할 겨레의 힘찬 행진이어야 함을 확인"한 획기적인 학생 프로그램이었다. 1974년 8월 제1회 대행진을 시발로 전국 5~6개의 도정으로 시작하였고 현재 3개의 도정인 한맥(강원대), 화랑(울산대), 백두(동아대) 도정들이 여전히 전국 방방곡곡을 누비며 각 도로 연변과 중간 합류지점 주민들의 열렬한 환영과 격려를 받고 있다.

강원대 KUSA 한맥도정 참가자들은 8월 3일-16일, 약 250km를 걸었다.

이 젊음의 행진은 대학사회에 신선한 충격을 선사했고 그 후 많은 국내 단체들의 국토순례 프로그램의 원형이 되었다. 강원대 한맥도정은 역사와 전통을 자랑하는 행사로 현존하는 여러 단체들의 본보기가 되었다.

강원대 KUSA 한맥도정은 올해 40회 조국순례대행진을 8월 3일-16일 13박 14일 동안 강원도 일대 도보거리 약 250km를 걸어, 도정 마지막 날 합류지인 강원대학교에서 백두도정과 합류하였다.

40주년 한맥도정의 김형국(강원대) 도정장은 한맥도정에 관하여 얘기하면서 "뜨거운 아스팔트 위에 청춘을 던지는 행진은 때로는 힘들어 지치고, 처음 생각과 다르게 포기하고 싶은 순간이 다가오게 되지만 항상 자신을 믿고 끝까지 포기하지 않는다면 처음 도전했을 때의 모습과 다른 여러분의 모습을 볼 수 있을 겁니다. 생각만 하지 말고 도전하세요" 라고 말하며 한맥도정은 영원할 것이라는 불꽃같은 열정을 보여 주었다.

조국순례대행진 사진 자료

조국순례대행진 사진 자료

연혁

제1회 1974. 8. 5~15. 49개 대학 1510명 젊음은 행진한다. 영원히 사랑해야 할 이 조국의 땅을!

제2회 1975. 8. 11~19. 30개 대학 500명 조국 산천에 민족의 얼이 있다.

제3회 1976. 8. 7~15. 53개 대학 970명 조국, 이 땅에 우리 젊음을 심자.

제4회 1977. 8. 7~15. 55개 대학 1120명 가슴에는 조국을, 눈으로는 세계를.

제5회 1978. 8. 6~15. 56개 대학 1280명 젊음, 조국, 내일!

제6회 1979. 8. 6~15. 57개 대학 1212명 조국, 나의 새로운 발견

제7회 미실시.

제8회 1981. 8. 5~16. 62개 대학 1475명 조국, 내일의 문을 열자.

제9회 1982. 8. 5~16. 66개 대학 1236명 조국, 이 땅에 살으리라.

제10회 1983. 8. 4~16. 61개 대학 1500명 젊음, 조국 너를 세울지라.

제11회 1984. 8. 5~16. 72개 대학 1200명 마음의 벽을 허물고 흩어진 힘을 하나로.

제12회 1985. 8. 4~16. 72개 대학 1107명 가슴에는 조국을, 눈으로는 세계를 - 새물결 100년을 향하여.

제13회 1986. 8. 4~16. 53개 대학 733명 가슴에는 조국을, 눈으로는 세계를 -차가운 머리, 뜨거운 가슴, 힘찬 두 손.

제14회 1987. 8. 5~16. 70개 대학 1000명 가슴에는 조국을, 눈으로는 세계를 −끝내는 한 길에 하나가 되리.

제15회 미실시.

제16회 1989. 8. 5~15. 80개 대학 800명 끝내는 한 길에 하나가 되리!

제17회 1990. 8. 6~16. 80개 대학 1000명 가자, 청년이여! 민족의 함성으로

제18회 미실시.

제19회 미실시.

제20회 1993. 8. 5~16. 40개 대학 300명 새물결인이여! 함께 가자.

제21회 미실시.

제22회 1995. 8. 일어나라 쿠사여 나가자 조국과 함께.

제23회 1996. 8. 새물결 운동 31년 우리는 쿠사의 새로운 세대다.

제24회 1997. 8. 새로운 KUSA의 가능성을 위하여.
제25회 1998. 8. 하나된 KUSA의 당찬 걸음.
제26회 1999. 8. 3~15. 다시 하나로 미래를 향해.
제27회 2000. 8. 3~15. 새로운 가능성을 꿈꾸며 전진하는 우리.
제28회 2001. 8. 2~16. 마음의 벽을 허물고 흩어진 힘을 하나로.
제29회 2002. 8. 3~16. 우리라는 이름으로 하나가 될 때까지.
제30회 2003. 8. 4~16. 눈을 뜨자!!!젊은이여!!!
제31회 2004. 8. 3.~16. 다시 태어나 하나로...
제32회 2005. 8. 3~16. 당찬 포부로 내딛는 젊은 행진.
제33회 2006. 8. 4~16. 다시는 오지 않을 젊은 날의 꿈, 도전, 열정.
제34회 2006. 8. 3~16. 젊음! 그 무한의 가능성으로 나아가리.
제35회 2008. 8. 1~16. 하나된 우리! 새물결100년의 약속.
제36회 2009. 8. 2~16. 마음의 벽을 허물고, 흩어진 힘을 하나로.
제37회 2013. 8. 3~15. 피어라, 만개하라, 이 땅의 젊음이여.
제38회 2011. 8. 1~16. 포기를 모르는 열정, 함께하는 젊음, 나를 향한 도전.
제39회 2012. 8. 1~ 16.청춘의 열정으로 함께하는 우리의 젊음 태양보다 뜨거우리라.
제40회 2013. 8. 3~15. 끓어오르는 대지의 정기 솟아오르는 젊음의 패기,
불타오르는 청춘의 열정,
제41회 2014. 8. 3.~15. 도전을 향한 걸음에 망설임 없고 흔들힘 없는 두 눈에 패기가 넘친다
제42회 메르스로 인한 미실시,
제43회 2016. 8. 1~16. 올해 여름 우리의 추억은 열정으로 기록된다.
제44회 2017. 8. 1~16. 한계에 부딪혀라, 열정에 물들어라,

자료출처_유네스코 청년원, 울산대학교 유네스코학생회동문회

취지문

제1회 조국순례대행진 취지문

　대학은 최고의 지성을 대표하고 최상의 지도원리를 창조하는 곳이며, 역사와 사회에 대하여 사명의식에 충일한 새로운 사명적 자아가 탄생하는 요람이요, 보금자리이다. 대학은 영원히 역사와 함께 있으며 그 사회와 함께 살고 있는 곳이어야 한다.

　대학은 민족과 조국 앞에서 떳떳해야 하고, 어제와 오늘을 바탕으로 내일을 영위하고 이끌어 가야 할 대학인의 명예로운 광장이어야 한다.

　조국의 강토가 무한한 가능성을 가져야 한다면 젊음은 어제와 내일을 이어 놓을 무한한 가능성의 주체들이다. 이 은혜로운 조국의 강토를 보존하기 위하여 우리의 젊음들이 얼마나 고통스런 어제를 살아왔던가를 역사는 보여 주고 있다.

　오늘날 우리에게 철저한 자기 체험을 통하여 확고한 조국애의 내면화가 절실히 요청되고 있으며, 내일의 지도자다운 명료한 사명의식의 확립이 절실히 요청되고 있다. 내일의 주인공이 되어야 할 젊은이가 민족과 조국에 대하여 무관심하고 무지한 상태에 있을 때 역사에 대한 투철한 사명감을 가질 수 없는 일이다. 불행히도 급변하는 현대사회는 반항과 불안과 소외와 좌절 속에 방황하며 조국을 망각하는 수많은 젊은이를 잉태하고 있다. 오늘날의 젊은이가 이 땅에 태어났으나 이 땅을 위해 살기를 원하지 않는다면 그보다 더한 비극은 없다. 여기에 오늘을 사는 젊은이에게 건전하고 바람직한 활동방향을 제시해야 하는 당위성이 요청되는 것이다.

　1965년 이래 한국 유네스코 학생협회는 자각과 탐구와 대화와 협동과 실천을 앞세우고 새물결운동의 기치 아래 한국의 젊은 대학인들에게 새로운 활동방향을 제시하기 위하여 끊임없는 노력을 경주해 왔으며, 교육·과학·문화 기구로서의 유네스코한국위원회는 청소년 문제에도 깊은 관심을 갖고 적극적인 협조를 아끼지 않았다. 이번 조국순례대행진은 한국 유네스코 학생협회와 유네스코한국위원회가 한국의 젊은이에게 새로운 방향 제시를 위해, 고민하여 온 어제를 바탕으로, 오늘에 실현된 내일을 위한 결단이다.

이 조국순례대행진은 새 대학운동으로서의 새물결운동에 참여하고 있는 한국 대학인들에게 체험적 조국애를 고취시킴으로써 대학인으로서의 역사적·사회적 사명감을 체득하게 하고, 현지답사를 통하여 민족문화의 현장과 지역사회의 현실을 보다 넓고 깊이 포용하며, 여행을 통하여 인격과 교양의 폭을 넓히려는 과감하고 순수한 결단이며, 영원히 사랑해야 할 이 조국의 땅을 발이 불어터지도록, 발목이 시리도록 밟아 보려는 젊음의 장엄한 기도요, 의지이다.

이것은 한국의 역사 속에 기록될 최초요, 최대의 젊은 시도이다.

조국을 향한 불타는 정열을 갖고 순례자의 고통을 감수하는 젊은이의 진지한 모습은 마땅히 역사에 기록되어야 하기 때문이다. 대학과 국가 속에서, 역사와 사회 속에서, 뚜렷한 자기의 위치를 확보하려는 이 젊은 의지는 모든 한국인의 표상이어야 한다.

이 조국순례대행진은 희망찬 조국의 내일을 향하는 젊은 대학인의 행진일 뿐만 아니라 영원히 이어져야 할 겨레의 힘찬 행진이어야 함을 확신하며, 이에 모든 대학인과 온 겨레의 기대와 협조를 아울러 부탁드리고, 전진의 깃발을 높이 올린다.

1974. 3

제1회 조국순례대행진

1. 일시 : 1974. 8. 5-15.
2. 장소 : 전국 일원
3. 참가자 : 49개 대학 1,510명 (고교생 158명 포함)
4. 주제 : 젊음은 행진한다. 영원히 사랑해야 할 이 조국의 땅을!
5. 목적 : 도보순례행진을 통한
 가. 체험적 조국애와 사명감의 고취
 나. 새 대학운동으로서의 새물결운동 전파
 다. 회원 한가족의식의 고취
 라. 민족문화의 근원에 대한 현장학습
 마. 참가자의 인격 함양과 교양의 증진
 바. 지역사회 개발을 위한 자료 수집
6. 내용
 가. 순례행진 - 1일 5시간 20Km를 도보 행진한다.
 나. 강의
  ㉠ 젊음과 조국 - 서정호 교수 (서울지역 평택에서)
  ㉡ 젊음과 역사의식 - 이선근 박사 (서울지역 온양에서)
  ㉢ 젊음과 미래 - 이기영 박사 (전체 충남대에서)
 다. 도보 토론 - 자유로운 주제로 팀별 토론
 라. 조사 - 지역사회 개발을 위한 자료 수집, 관광자원의 현황 조사
 마. 참배·견학 - 현충사, 7백 의총, 금산우주중계소 등
 바. 축제 - 주제 : 아! 4,300년, 최종집결지인 백마강에서 합류식, '여름밤의 축제' 개최
 사. 행진코스
  ㉠ 서울 - 평택 - 온양 - 천안 - 유성 - 대전 - 공주
  서울지역 31개 대학교(건국대, 경희대, 고려대, 국민대, 단국대, 덕성여대, 동국대, 동덕여대, 명지대, 상명여사대, 서강대, 서울가정대, 서울공대, 서울 농대, 서울문리대, 서울사대, 서울여대, 서울의대, 성균관대, 성신여사대, 성심여대, 수도여사대, 숙명여대, 숭전대, 연세대, 이화여대, 인하대, 중앙대, 한국 외대, 한양대, 홍익대)
  ㉡ 합천 - 거창 - 설천 - 무주 - 대전 - 공주
  영남지역 6개 대학교 (경북대, 영남대, 계명대, 부산대, 동아대, 울산공대)
  ㉢ 남원 - 장수 - 안성 - 무주 - 대전 - 공주
  호남지역 5개 대학교 (전남대, 조선대, 전북대, 원광대, 제주대)
  ㉣ 보은 - 옥천 - 학산 - 무주 - 대전 - 공주
  충청지역 6개 대학교 (충남대, 숭전대(대전), 공주사대, 청주대, 충북대, 청주여사대)

제2회 조국순례대행진

- 취지의 글
여기
젊음의 가능이 꿈틀거리고
내일을 향하는 행동이 있어
힘찬 함성으로
변함없는 진리를 갈구함에
불신의 벽은 허물어지고
신뢰의 탑이 구축됨에
우리의 땀방울은 역사를 흐르고
사명은 가슴속에서 타고 있다.
젊음 속에서 용해되어
미래를 향하는 거대한 파도가 된다.
조국을 숨 쉬며
역사 앞에 선 우리를
누가 무기력하다고 욕할 수 있겠는가?
누가 침묵을 요구할 수 있겠는가?
누가 우울하게 만들 수 있겠는가?
멀리서 진군의 나팔소리 들림에
함께 박수소리를 듣는다.
이 찬란한 행진의 아침에
1. 일시 : 1975. 8. 11~19.
2. 장소 : 전국 일원
3. 참가자 : 30개 대학 500명
4. 주제 : 조국산천에 민족의 얼이 있다.
5. 주안점
가. 단체생활을 통한 활달한 인격과 심신 단련
나. 건전한 대학생상을 구현함으로서 사회로부터의 신뢰를 회복
다. 지역사회의 조사활동을 통한 새로운 현실참여와 봉사의 자세확립
라. 학생활동 및 학생운동의 범위 확대
마. 한국의 재발견과 민족문화 근원 현장 학습
6. 내용
가. 순례행진 - 1일 6시간의 행진
나. 강의
㉠ 한국도자기의 미 - 천한봉 선생 (제1도정 진안 조령국민학교에서)
㉡ 불교와 일상생활 - 대흥사 주지스님 (제1도정 탄금대에서)

ⓒ 한국의 미래 - (제2도정 안동에서)
ⓔ 그 외 코스별로 2~3번의 강의
　다. 사적답사·조사 - 국보 및 문화재 순례·지역조사(탄광촌, 산촌, 화전민촌, 어촌), 사회조사 활동
　라. 참배·견학 - 탄광촌 견학·공장견학 등
　마. 축제 - 최종집결지 이천 유네스코 청년원에서 유네스코 학생회 전국대회와 함께 KUSA 창립 10주년 "젊은이의 축제"를 개최
　바. 행진코스
　　제1도정 : 한양길 답사도정 (점촌 - 문경 - 수안보 - 충주 - 제천 - 이천)
　　제2도정 : 태백산맥 횡단도정 (보경사 - 장사 - 영덕 - 안동 - 이천)
　　제3도정 : 동해안 답사도정 (기성 - 울진 - 삼척 - 북평 - 이천)
　　제4도정 : 탄광촌 답사도정 (정선 - 정암사 - 장성 - 철암 - 이천)
　　제5도정 : 산천답사도정 (홍천 - 월정사 - 강릉 - 이천)

제3회 조국순례대행진

1. 일시 : 1976. 8. 7~15.
2. 장소 : 전국 일원
3. 참가자 : 53개 대학 970명
4. 주제 : 조국, 이 땅에 우리의 젊음을 심자.
5. 목적 : 도보순례행진을 통한
   가. 단체생활을 통한 활달한 인격과 심신단련
   나. 지역조사활동을 통한 새로운 현실 참여와 봉사자세 확립
   다. 조국의 격전지, 역사지, 발전시설의 견학, 현장학습
6. 내용
   가. 순례행진 - 1일 평균 4시간 15Km를 도보 행진한다.
   나. 강의 - 역사의 현장학습을 위하여 코스별 4회에 걸쳐서 실시
   다. 사적답사·조사 - 부석사 무량수전, 불국사, 단양 8경, 고수동굴, 죽령 폭포, 왕검성 답사, 보문사, 해인사, 보경사, 희방사 방문 등
   라. 참배·견학 - 단양 현충탑·청송 현충탑·정기룡 장군 신도비 참배, 영월발전소·구미공단·포항제철·안동댐 견학 등
   마. 축제 - 최종 집결지인 안동시 강변에서 민속놀이(차전놀이, 고싸움실습), 민속춤(하회탈춤), 그리고 새노래 보급을 위한 다함께 노래, 민속극 등의 민속축제 개최, 광복절 기념식 개최
   바. 행진코스
   제1도정(퇴계) : 서원답사코스 (가산 - 풍기 - 봉화 - 광석 - 안동) 114Km 도보 행진
   제2도정(온달) : 동굴답사코스 (장능 - 단양 - 풍기 - 영주 - 안동) 116Km 도보 행진
   제3도정(계백) : 사찰답사코스 (무주 - 구미 - 상주 - 구당 - 안동) 120Km 도보 행진
   제4도정(화랑) : 고적답사코스 (불국사 - 포항- 용정 - 청송 - 안동) 160.7Km 도보 행진

제4회 조국순례대행진

- 취지문

여기 민족과 역사 속에 젊은이의 의지와 용기를 새기려는 조국순례대행진의 네 번째 깃발을 올린다.

높고 낮은 산들을 휘어 감고 흐르는 강물에서, 들판을 가로 질러 불어오는 바람 속에서, 논밭에서 일하며 웃음으로 반겨 주던 농부들의 얼굴들에서, 까만 아스팔트길과 먼지 나는 신작로가 함께 가는 길목에서, 우뚝 솟은 굴뚝들이 하늘을 찌르는 분주한 공장지대에서, 우리는 반만년의 역사를 이끌어온 끈질긴 민족의 의지를 읽었다.

거기에 조국의 무한한 가능성이 꿈틀거리고 있었으며 내일을 향하는 힘찬 맥박이 고동치고 있음을 확인하였다. 그리고 우리의 젊음을 바쳐야 할 현장과 우리의 어깨 위에 머무르는 시대적 사명의 무거움을 체험하였다.

우리는 순례의 깃발을 내디디며 조국순례대행진은 우리만의 행진이 아니라 영원히 이어져야 할 민족의 행진이어야 함을 천명하였기에 다시 고통과 인내의 순례를 계속하려는 것이다. 이것은 새로운 자아의 탄생과 보다 나은 사회를 건설하려는 새물결운동에 참여하는 젊은 대학인의 확고한 주제성에서 자율적으로 출발한 자발적 의지였으며 행동이었음을 다시 확인하고자 한다.

오늘의 학생활동을 돌아보면 있어야 할 자율성과 창의성이 결여되고 있으며 오늘의 대학인에게는 현실에 대한 진취적이고 개척적인 자세가 요구되고 있다. 이것은 현실과 이상이 깊은 괴리 현상을 잉태하고 있으며 그 조화 있는 해결을 위하여 심각한 갈등을 초래하고 있다.

우리는 조국순례대행진이 단순히 순례의 뜻만이 아니라 대학과 사회의 상호관계를 정립하는 데서부터 더 나아가 대학인의 사회적 참여에 새로운 방향을 제시해 주고 있음을 확신한다. 대학이 갖는 숭고한 사회적 봉사의 기능은 단순히 지식을 축적, 제공하거나 지도자를 배출해야 한다는 사회적 요구를 만족시키는 것 뿐 아니라 오히려 민족과 조국의 장래에 직결된 차원 높은 관계에서 그 기능이 살아나야 할 것이다. 그러기 위해서는 민족과 조국에 대한 깊은 애착과 사명감을 가지고 있는 젊은 대학인이 요구되는 것이다. 여기에 우리가 땀 흘리며 조국을 순례하는 진정한 뜻이 있는 것이다.

우리는 순례의 행진 속에서 선조들의 숨결을 느끼려 할 것이며 조국을 지키기 위하여 피 흘린 민족의 맥락을 이으려 할 것이며 보다 나은 겨레의 내일을 위해 우리의 젊음을 바칠 각오를 굳게 할 것이며 함께 손잡고 대화하는 가운데 새로운 시대의 기수임을 다짐할 것이다. 또한 오늘을 함께 살아가는 대학인들과 마음을 열고 젊은이의 순수한 언어로 이야기할 것이며 행동하는 젊음으로 동참하는 기쁨을 기대할 것이다. 우리는 결코 나약하거나 무기력한 젊은이일 수 없으며 안일과 무사로 일관하는 젊은이로 비난받는 대학인일 수는 더욱 없는 것이다.

이제 네 번째 대행진의 깃발을 높이 올리며 유네스코학생회는 그 역사적인 사명감을 더욱 굳게 할 것이며 우리 새물결인은 새물결운동의 언어와 행동을 이어 나갈 것임을 다시 한번 오늘의 대학인의 이름으로 확인하는 바이다.

1977년 4월

1. 일시 : 1977. 8. 7~15.
2. 장소 : 전국 일원 4개 도정
3. 참가자 : 55개 대학 1,120명
4. 주제 : 눈으로는 세계를, 가슴에는 조국을 !
5. 목적
가. KUSA 한가족의식 고취
나. 공동생활에 적응하는 훈련
다. 남을 도우며 사는 생활습성훈련
라. 자기와 싸워 이기는 강인한 젊은 새물결인상의 모색
6. 내용
가. 순례행진 - 1일 평균 5시간, 16Km를 도보 행진한다.
나. 강의(도정별로 2회의 강연)
㉠ 불교와 인생 - 최도원 스님 (모악도정 금산사에서)
㉡ 단재의 생애와 애국사관 - 신청우 선생 (속리도정 신채호 선생 묘역에서)
㉢ 백제 문화에 대하여 - 이석호 원장 (계룡도정 부여문화원에서)
㉣ 한국 불교에 대하여 - 이청훈 주지스님 (계룡도정 갑사에서)
다. 사적답사 - 피향정·미륵전·석련대·부여조·백제무열왕릉·육각다층석탑·정2품 소나무 답사 등
라. 참배·견학 - 동학혁명군 위령탑·임진왜란 의병비 참배, 내장산·속리산·계룡산 국립공원·미륵리 동굴·백양사·내장사·금산사·법주사·길상사·갑사, 김시민 장군사당 등 방문
마. 축제(KUSA의 밤) - 최종 집결지인 유네스코 청년원에서 '나와 조국'이란 주제로 대단위 축제 개최, 광복절 기념식 개최
바. 행진코스
제1도정 : 모악도정 (백양사 - 내장사 - 정읍 - 태인 - 전주 - 장호원 - 이천 청년원)
111.4Km 도보 행진
제2도정 : 속리도정 (속리국교 - 낭성국교 - 청주 - 문백 - 진천 - 장호원 - 이천 청년원)
128.2Km 도보 행진
제3도정 : 계룡도정 (부여 - 탄천 - 공주 - 계룡산 - 신탄진 - 장호원 - 이천 청년원)
128.8Km 도보 행진
제4도정 : 조령도정 (문경 - 동화원 - 수안보 - 고산성 - 괴산 - 장호원 - 이천 청년원)
108.2Km 도보 행진

제5회 조국순례대행진

- 취지문

여기 자각·탐구·대화·협동을 실천하는 새물결인들이 조국순례대행진의 다섯 번째 깃발을 올린다.

우리는 이 행진을 통하여 다시 한번 뜨거운 가슴을 열고 이 민족의 삶의 현장에서 장엄한 젊음의 합창을 부르며 찬란한 내일을 약속하고자 한다.

우리의 어제는 급변하는 세계사의 뒤안길에서 서러운 역사의 수레바퀴를 굴릴 수밖에 없었다.

그것은 우리가 언제까지나 역사의 변두리에만 머무를 수 없다는 심각한 역사적 반성을 요구한다.

이 역사적 반성은 일시적 안일과 찰나적인 쾌락이 수반하는 모든 현대의 사회적 현상에 대한 심각한 반성과 자각에서 비롯되는 새로운 역사의 전환이어야 함을 우리는 안다. 하여, 영원히 변하지 않아야 할 이 젊음과 조국의 희망찬 만남을 통하여 오늘을 직시하고 우리의 내일을 투시해 보는 경험을 갖고자 한다.

우리의 세계 속에 나태는 없다.
우리의 세계 속에 불신은 없다.
우리의 세계 속에 무관심은 없다.
우리의 세계 속에 침묵은 없다.
우리의 세계 속에 좌절은 없다.

1. 일시 : 1978. 8. 6-15.
2. 장소 : 전국 일원
3. 참가자 : 56개 대학 1,280명
4. 주제 : 젊음·조국·내일
5. 목적

가. 도보행진을 통하여 조국을 체험한다.
나. 건강한 젊음을 통하여 극기를 경험한다.
다. 젊은 대학인으로서 바람직한 내일을 설계한다.
라. 사회 속에 대학인의 신뢰를 심는다.
마. 새물결운동을 체험을 통하여 확인한다.

6. 내용

가. 순례행진
나. 강의
다. 지역조사/지역봉사 - 합천 지역, 유어면 지역 조사 / 백황새 도래지, 가례증보, 통도사, 송광사, 천황산, 송어양식장 방문 / 곽재우 장군 생가, 탑바위의 병탑 등
라. 특별활동 - 각 도정별로 1개반을 특별활동반으로 편성, 지도교수의 지도 아래 특정 문제를 보다 깊이 다룸

마. 축제 (젊음의 축제, 유등행사) - 최종 집결지인 진주에서 축제 개최
바. 행진코스
제1도정 : 방장 (순천송광사 - 구례 - 천은사 - 노고단 - 쌍계사 - 하동 - 진주) 208Km
제2도정 : 덕유 (무주 - 설천 - 덕유산 - 안의 - 산청 - 오미 - 진주) 149Km
제3도정 : 황악 (김천직지사 - 지례 - 청암사 - 목통령 - 해인사 - 합천 - 진주) 154Km
제4도정 : 천황 (통도사 - 천황산 - 표충사 - 창녕 - 의령 - 단목 - 진주) 191Km

제6회 조국순례대행진

- 취지문

여기 새물결인의 긍지와 새로운 각오를 승화시켜 조국순례대행진의 그 여섯 번째 깃발을 올린다.

조국순례대행진은 대학인의 투철한 역사적 사명의식에서 비롯되었다. 인내와 극기로 체험적 조국애를 내면화하여 조국과 대학인의 관계를 새롭게 정립하려 했으며 만남과 대화를 통하여 함께 도우며 살아가는 지혜를 터득하려 하였다.

더 나아가 기대받는 대학인의 모습을 구현하고 사회 속에서 대학인의 신뢰를 회복하려 하였다.

따라서 우리는 다섯 번의 행진을 통하여 조국의 참모습을 찾아보려 하였고 변하지 않는 일관된 자세를 견지하려 노력하였다.

우리는 시대적 조류에 편승하거나 안일한 삶의 방식에 머무르려는 대학인이 아니다. 우리는 일시적이고 찰나적인 유행에 휩쓸리거나 편견과 아집의 굴레 속에 안주하려는 대학인이 아니다.

우리는 결코 불안과 좌절과 나태로 방황하거나 무관심과 침묵을 표방하는 대학인이 아니다.

오늘의 시대가 갖고 있는 과도기적 현상과 급변하는 현대사의 흐름 속에서 대학과 사회가 겪어야 하는 진통을 인내하고 극복해야 하는 무거운 책임을 우리는 회피하거나 두려워하지 않는다.

우리는 무지와 불신으로 인간의 정의적 유대가 단절되는 상황이 엄습할 때마다 아픔을 느낀다.

우리는 대학인의 생활 속에서 반드시 있어야 할 책임감과 자율성이 상실되어 가고 있는 현상을 목도할 때마다 아픔을 느낀다.

우리는 오해와 노파심으로 새시대를 개척하려는 의욕이 단절되고 마땅히 있어야 할 대화의 광장이 텅 비어 있음을 볼 때 아픔을 느낀다.

이러한 시대적 상황에 우리는 깊은 책임감과 우려를 표명하면서 조국순례대행진의 뜻과 바램을 깊이 새기고자 한다.

순례의 행진은 우리의 순수한 결단에서 비롯된 행동이었기에 가슴 뿌듯한 긍지를 느낀다. 그러나 아직도 함께 도우며 살아가는 지혜를 터득함에 있어서나 대학인의 신뢰를 회복하는 점에서나 우리의 뜻에 미흡하기에 우리는 깊은 반성과 새로운 각오를 갖지 않을 수 없다.

여섯 번째 조국순례대행진을 시작함에 있어서 끊임없는 도전과 극복을 통하여 조국과 민족이 기대하는 대학인의 사명을 확인하고 어제와 오늘을 꿰뚫어 조국의 내일을 창조하고자 하는 대학인의 새로운 각오를 되새길 것이다.

우리는 젊은 의지와 용기를 갖고 영원히 이 행진을 계속할 것이며 한국역사의 혈맥을 뚫고 줄기차게 흘러내릴 민족혼의 샘을 만들기 위하여 우리의 조국산하에 젊음의 땀을 뿌리고 대학인의 진정한 모습을 심을 것을 약속한다.

1979. 8. 7-15.

1. 일시 : 1979. 8. 7-15.
2. 장소 : 전국 일원
3. 참가자 : 전국 57개 대학교 유네스코 학생회원 1,212명
4. 주제 : 조국, 나의 새로운 발견
5. 목적 : 제 6회 조국순례대행진은 공부하는 대행진이다.
　가. 체험적인 조국애의 심화
　나. 현장학습을 통한 조국발전을 인식
　다. 공동생활을 통한 진취적 청년기상 고취
　라. 새로운 대학운동으로서의 새물결운동 전개
6. 내용
　가. 순례행진 - 1일 평균 5시간 16Km를 도보 행진한다.
　나. 강의
　　㉠ 산과 인간 - 함태식 선생 (1도정 지리산 노고단에서)
　　㉡ 순례자와 새물결운동 - 유진 청년원 과장 (1도정 전남 구례에서)
　　㉢ 한국의 농경문화 - 전영래 전주박물관장 (2도정 전주에서)
　　㉣ 동학혁명의 현대적 의미 - 이상비 원광대 교수 (2도정 도학국교에서)
　　㉤ 백제문화와 바다 - 홍사준 부여박물관장 (3도정 수덕사에서)
　　㉥ 익산문화권 연구와 그 발견 - 김삼룡 원광대 교수 (3도정 왕궁석탑에서)
　　㉦ 양산8경의 역사적 의미 - 영동군 공보실 (4도정 양산국교에서)
　　㉧ 무속신앙과 그 현대적 해석 - 손춘석 간사 (4도정 산천국교에서)
　다. 지역조사/지역봉사 : 광한루 유적지 정화 및 청소, 고창 선운사 경내정화, 홍천 광천읍 환
경정리, 영동 강선대 유적지 정화 등등
　라. 축제 - 최종 집결지인 전주고등학교에서 '새물결의 밤' 개최, 광복절 기념식 개최
　마. 행진코스
　제1도정(화엄) : 강과 인간 (청천국교 - 화엄사 - 노고단 - 원촌국교 - 남원국교 - 갈담국교
　　- 운암 - 대덕국교 - 완산중고교 - 전주) 128Km 행진
　　제2도정(녹두) : 땅과 인간 (황용중교 - 문수사 - 인천국교 - 자연의 집 - 소성국교 - 고부 -
　　완평국교 - 금산사 - 우전국교 - 전주) 130.5Km 행진
　　제3도정(백의) : 바다와 인간 (덕산고교 - 수덕사 - 해미중교 - 갈산국교 - 광천국교 - 오천

국교 - 대천수산고 - 승차 - 익산중교 - 덕진중교 - 전주) 133.7Km 행진
제4도정(위봉) : 산과 인간 (황간국교 - 심천국교 - 양산국교 - 무주국교 - 용담국교 - 산천
국교 - 동광국교 - 전주농고 - 전주) 139.5Km 행진

제7회 조국순례대행진(미실시)

제8회 조국순례대행진

- 취지문

1965년 이래 한국의 대학과 사회 속에서 새대학운동으로서의 새물결운동을 전개해 온 우리 새물결인들은 이제 모든 정성과 열의를 한데 모아 여덟 번째 조국순례대행진의 깃발을 다시 올린다.

돌이켜 보면, 유네스코한국위원회의 지도와 지원 아래 대학인 스스로의 참여와 실천적 탐구를 통하여 전개되어 온 새물결운동은 비단 이 운동의 주체인 한국 유네스코학생협회 회원가족들만의 전유물이나 자랑이 아니라, 오늘의 한국을 살아왔던 대학인이면 누군가에 의해서라도 필연적으로 전개되었어야 할 시대적 당위요 요청이었음을 우리는 확신한다.

실로 새물결운동은 오늘의 한국 대학인들이 역사와 사회에 대하여 갖는 투철한 소명의식과 냉철한 자기반성을 그대로 반영한 것이며, 조국과 민족이 처한 현실을 보는 대학인의 각오와 아픔과 바램을 꾸밈없이 대변하려는 순수한 결단이다.

1974년에 첫 번째 고행의 깃발을 올린 조국순례대행진도 이러한 새물결운동의 일환으로 전개되는 것이다. 조국순례대행진은 대학과 사회의 관계를 새롭게 정립하고, 역사와 사회가 기대하는 대학인의 참모습을 구현하려는 우리들 새물결인들의 의지의 표현이기에 지금도 우리는 인내와 극기가 요구되는 순례의 대열을 정비하고 있는 것이다.

순례의 행진은 우리의 순수한 결단에서 비롯된 것이었기에 긍지를 갖는다. 그러나 아직도 우리에게는 더 많은 순례를 통하여 끊임없이 배우고 익혀야 함이 요구되고 있기에 결코 자만하지 않으며, 아직도 우리가 하고 있는 일들에 미흡함이 많기에 깊은 자성과 새로운 다짐을 게을리하지 않으련다.

여덟 번째의 조국순례대행진을 개최하면서 우리는 철저한 자기 극복의 체험과 조국의 현실과의 만남을 통하여 확고한 조국애를 내면화하고 내일의 지도자다운 명료한 소명의식과 기량을 확립하기에 진력할 것이다.

우리는 결코 불안과 좌절과 나태로 방황하거나 무관심과 침묵을 표방하는 무리가 되지 않으며, 오히려 끊임없는 행진의 대열 속에서 그리고 저 조국강토와의 만남들 속에서 우리가 이 조국의 주인임을 확인할 것이며, 서로 믿고 대화하는 창조적인 새세대의 탄생이 가능한 것임을 입증할 것이다.

조국, 내일의 문은 바로 우리가 열어야 하기 때문이다.

1981년 8월

1. 일시 : 1981. 8. 5~16.
2. 장소 : 전국 일원 (행진거리 763.9Km, 승차 268.8Km)
3. 참가자 : 62개 대학 1,475명
4. 주제 : 조국, 내일의 문을 열자
5. 목적 : 제8회 조국순례대행진은 탐구하며 실천하는 물결인의 대행진이다.
이 행사를 통하여 참가자에게

가. 체험적인 조국애를 심화, 고취시키고
나. 전적지, 유적지를 비롯한 각종 현장학습을 통하여 조국과 민족의 현실상황을 정확히 인식토록 하며
다. 공동생활과 자기극복의 과정을 통하여 진취적이고 협동적인 청년상을 구현토록 노력하며
라. 역사와 사회 속에서 대학인의 소임과 기능을 다 하려는 새물결운동의 의의를 재확인, 전파하도록 한다.

6. 내용
가. 순례행진
나. 강의
·제1도정
㉠ 해상국립공원 개발계획과 서산군청 소개 (안면국교)
㉡ 국토개발 종합계획과 삽교천 다목적 개발현황 (삽교천)
㉢ 충무공의 구국정신 (현충사)
·제2도정
㉠ 벽골제의 역사와 김제지방문화 - 정진형 김제예총지부장 (김제)
㉡ 익산의 백제문화 유적의 역사 - 김삼용 교수(원광대)
㉢ 김제평야의 기계화 영농사업 - 동진 (농지개량조합장)
㉣ 부안문화와 마한시대의 역사 - 김영주 선생 (부안여고 교감)
·제3도정 - 다부동 전투에 대해서 (다부국교)
·제4도정
㉠ 도리사 내역 및 불교전파 (도리사)
㉡ 민속박물관 관람 및 민속문화에 대하여 (상주교육원)
㉢ 낙동전투에 대하여
·제5도정
㉠ 보덕사의 내역에 대하여 (보덕사)
㉡ 중원문화권 개발과 조국순례대행진 (충민사)
다. 지역조사/ 지역봉사 - 몽산포, 맷돌포, 낙동전투지역, 제천시 조사활동/ 충열사 화단정화, 화양구곡의 자연보호, 백련국교 교육봉사, 삽교천 일대 봉사 등
라. 자매결연 - 방포, 백련, 상주군 전의, 문포국민학교, 청애원 등과 자매결연
마. 축제 (새물결 100년을 향하여) - 최종 합류지인 청주시 한벌국민학교에서 축제 개최, 광복절 기념식 개최
바. 행진코스
·제1도정 : 일락도정 (안면국교 - 남면 - 몽산포 - 삼화목장 - 고란사 - 맷돌포 - 삽교천 -
염치국교 - 현충사 - 온양 - 천안 - 청주) 142.9Km 행진
·제2도정 : 백산도정 (자연의 집 - 내소사 - 변산 - 부안 - 벽골제 - 황강 - 이리공단 - 왕궁

탑 - 미륵사지 - 대청댐 - 남이국교 - 청주) 158Km 행진
　·제3도정 : 황학도정 (다부동전승비 - 직지사 - 황학 - 영동읍 - 영국사 - 이원면 - 옥천읍 - 인포리 - 동정국교 - 피반령 - 청주) 173Km
　·제4도정 : 청화도정 (의성국교 - 조치원 - 안령고개 - 도리사 - 낙동전투지 - 장각폭포 - 화양구곡 - 상당산성 - 용담국교 - 청주) 149.5Km
　·제5도정 : 태백도정 (석정여중고 - 청령포 - 보덕사 - 창원 - 모산비행장 - 충주비료 - 내간재 - 충민사 - 양지말 - 솔모루 - 사천교 - 청주) 145.5Km

제9회 조국순례대행진

1. 일시 : 1982. 8. 5~16.
2. 장소 : 전국 일원 (도보행진 1436.5Km, 승차 278Km)
3. 참가자 : 66개 대학 1,236명
4. 주제 : 조국, 이 땅에 살으리라
5. 목적

제9회 조국순례대행진은, 새물결운동의 정신의 구현을 위하여 실천하고 탐구하는 젊은 지성인들의 순례의 장이다.

　가. 극기의 체험을 통하여 자아를 성장, 넓히고
　나. 체험적 조국애를 고취, 심화하며
　다. 화려한 역사에 묻혀 가리워진 유적지, 격전지, 발전하는 조국의 참현장을 견학하며, 현장에서의 학습을 통하여 조국과 민족의 현실 상황을 정확히 인식토록 하여라. 불편한 환경 속에서의 공동생활을 통하여 진취적이고 협동하는 새청년상 및 시민정신을 구현하며
　마. 역사와 사회 속에서 대학인의 소임과 사명을 다하려는 새물결운동의 의미와 임무를 재확인한다.

6. 내용
　가. 순례행진
　나. 강의
　　㉠ 공통강의 : 조국순례대행진과 새물결운동 - 강대근 교수
　　㉡ 인제문화가 후손에 미친 영향 - 인제공보실장 (1도정 인제에서)
　　㉢ 안동문화권과 이퇴계 사상 (3도정 도산서원에서)
　　㉣ 무량수전의 역사 - 주지스님 (3도정 부석사에서)
　　㉤ 불교의 선과 자아발견 - 조실스님 (4도정 직지사에서)
　　㉥ 고행과 순례자의 의미 - 천룡스님 (4도정 법주사에서)
　　㉦ 대학생에 바란다 (4도정 남산국교에서)
　　㉧ 한국의 청년상 - 박항식 교수 (5도정 전북기계공고에서)
　　㉨ 신도안 무속신앙 지역의 유래에 관하여 - 신도국민학교 교장 (5도정 계룡산 신도안에서)
　　㉩ 마백문화권 - 박물관장 (6도정 부여국립박물관에서)
　다. 견학 및 주민과의 대화 - 육군 제 7889부대 방문, 월정사, 봉산서제 관람, 도산서원, 소수서원, 신륵사, 희방사 방문, 직지사, 법주사 방문, 쌍계사, 갑사 관람, 동학혁명비, 공주, 부여박물관 견학, 각 지역 주민과의 대화
　라. 자매결연 및 지역봉사 - 홍천 서광분교, 한울국교, 화산국교, 공주 마암국교, 등과 자매결연 및 지역봉사
　마. 축제 - 최종 합류지인 이천 유네스코 청년원에서 '새물결인의 축제' 개최, 합류식

과 광복절 기념식 개최

　바. 행진코스
　　제1도정 : 자각 (주문진 - 양양 - 설악산 - 인제 - 홍천 - 양평 - 청년원) 193Km 행진
　　제2도정 : 탐구 (주문진 - 오대산 - 율전 - 홍천 - 양평 - 청년원) 193Km 행진
　　제3도정 : 대화 (안동 - 희방 - 단양 - 제천 - 동화 - 여주 - 청년원) 211Km 행진
　　제4도정 : 협동 (김천 - 황간 - 화양구곡 - 장호원 - 청년원) 192Km 행진
　　제5도정 : 실천 (이리 - 쌍계사 - 계룡산 - 조치원 - 안성 - 청년원) 175Km 행진
　　제6도정 : 창조 (이리 - 강경 - 부여 - 공주 - 조치원 - 안성 - 청년원) 181.5Km 행진

제10회 조국순례대행진

1. 일시 : 1983. 8. 4~16.
2. 장소 : 전국 일원 (도보거리 1324.9Km, 승차거리 496.2Km)
3. 참가자 : 전국 61개 대학교 유네스코 학생회원 1,500명, 일반대학생 50명, 인솔자 및 지도자 30명, 지도교수 30명, 유네스코 협회연맹 임원 130명 등 총 1,750명.
4. 주제 : 젊음, 조국 너를 세울지라
5. 목적 : 제9회 때와 동일
6. 내용
  가. 순례행진
  나. 강의
  다. 견학 및 주민과의 대화 - 월정사·금산사 관람, 지역주민과의 대화시간 마련
  라. 자매결연 및 지역봉사
  마. 새물결운동 전국대회 - 최종 집결지인 이천 유네스코 청년원에서 제17년차 새물결운동전국대회 개최, 합류식, 광복절 기념식 개최
  바. 행진코스
  제1도정 : 극기 (하조대 - 오대산 국립공원 - 횡성 - 원주 - 여주 - 이천 청년원) 260Km 행진
  제2도정 : 자각 (주왕산 - 안동 - 영주 - 단양팔경 - 원주 - 여주 - 이천 청년원) 270Km 행진
  제3도정 : 탐구 (문경 - 월악산 - 충주 - 음성 - 이천 청년원) 167.5Km 행진
  제4도정 : 대화 (황간 - 속리산 - 화양구곡 - 괴산 - 음성 - 이천 청년원) 169Km 행진
  제5도정 : 협동 (지리산 - 거창 - 영동 - 계룡산 - 천안 - 백암 - 이천 청년원) 208.3Km 행진
  제6도정 : 실천 (고창 - 전주 - 함열 - 계룡산 - 천안 - 오산 - 이천 청년원) 191.1Km 행진
  제7도정 : 창조 (부여 - 공주 - 신탄진 - 천안 - 백암 - 이천 청년원) 156Km 행진

제11회 조국순례대행진

1. 일시 : 1984. 8. 5~16
2. 장소 : 전국 일원 (총 도보거리 1102Km, 승차거리 180Km, 승선거리 60Km)
3. 참가자 : 전국 72개 대학교 남녀 대학생 1,200명
4. 주제 : 마음의 벽을 허물고 흩어진 힘을 하나로
5. 목적 ; 새물결운동을 실천하고, 탐구하는 젊은 지성인들의 순례의 장으로써
  가. 체험적 조국애를 고취, 심화하며
  나. 유적지, 격전지등 역사의 현장 답사와 발전하는 조국의 현장답사 및 학습을 통하여 조국과 민족의 현실을 직시하도록 하며
  다. 불편한 환경 속에서 공동생활을 통하여 진취적이고 협동하는 새청년상 및 시민정신을 구현토록하고
  라. 극기의 체험을 통하여 자아를 성장시키며
  마. 역사와 사회 속에서 대학인의 소임을 다하려는 새물결운동의 의미를 재확인한다.
6. 내용

가. 순례행진
나. 강의
다. 답사 및 견학 – 서산만 간척지, 해미읍성, 속리산 국립공원, 화양동 도립공원, 인제지구 전투전적비, 이천 도예촌, 조령관문, 탄금대, 고창읍성, 동학혁명 기념탑 등 답사 및 견학
라. 지역봉사 및 주민과의 대화
마. 새물결운동 전국대회 – 최종 집결지인 이천 유네스코 청년원에서 제18차 새물결운동 전국대회 개최, 합류식 및 광복절 기념식 개최
바. 행진코스
제1도정 : 자각 (몽산포 – 서산간척지 – 해미읍성 – 수덕사 – 삽교 – 아산만 – 송탄 – 백암 – 이천 청년원) 202Km 행진
제2도정 : 탐구 (직지사 – 황간 – 속리산 – 화양구곡 – 괴산 – 무극 – 백암 – 이천 청년원) 212.2Km 행진
제3도정 : 대화 (속초 – 미시령 – 인제 – 소양호 – 소양댐 – 가평 – 청평 – 팔당 – 곤지암 – 이천 청년원) 214Km 행진
제4도정 : 협동 (점촌 – 문경 – 월악산 – 충주 – 장호원 – 이천 청년원) 168.5Km 행진
제5도정 : 실천 (고창 – 두승산 – 모악산 – 전주 – 미륵산 – 익산 – 논산 – 오산 – 이천 청년원) 246Km 행진

제12회 조국순례대행진

1. 일시 : 1985. 8. 4~16.
2. 장소 : 전국 일원 (도보거리 900Km, 승차거리 320Km)
3. 참가자 : 전국 72개 대학교 유네스코 학생회원 및 일반대학생 1,107명
4. 주제 : 가슴에는 조국을, 눈으로는 세계를
5. 목적 : 새물결운동을 실천하고 탐구하는 대학인들이 조국의 역사현장 및 변화의 현장을 순례 답사함으로써
   가. 체험적 조국애의 고취
   나. 변화, 발전하는 조국현실을 직시하고 역사의식 확립
   다. 극기의 체험과 각 도정별 특성에 따른 탐구활동으로 자아성장의 기회를 마련
   라. 집단생활을 통하여 진취적이고 협동적인 새 청년상의 창조
   마. 역사와 사회 속에 청년의 소임을 다하려는 새물결운동의 재확인
6. 내용
   가. 순례행진
   나. 강의
   ㉠ 새물결운동과 조국순례대행진 - 손춘석 지도교수, 강대근 지도교수, 이철위 지도교수, 유진 지도교수 (공동 강좌 I)
   ㉡ 국제정세와 나의 조국 - 신철균 교수, 오진환 교수, 박한설 교수 (공동강좌II)
   다. 현장답사 및 견학
   ㉠ 1도정 - 서산만 간척지, 삽교천 방조제, 아산만 방조제, 충의사, 추사고택, 수덕사 등
   ㉡ 2도정 - 무주구천동, 칠백이고지, 관촉사, 금산인삼 재배지역, 계룡산 국립공원 등
   ㉢ 3도정 - 소백산 주목군락, 고수동굴, 노동동굴, 단양팔경 등
   ㉣ 4도정 - 홍천강, 팔봉산, 이천도예촌 등
   ㉤ 5도정 - 죽서루, 산업전사위령탑, 동원탄좌, 태백시 등
   라. 지역 봉사 및 주민과의 대화
   마. 새물결운동 전국대회 - 최종 합류지인 이천 유네스코 청년원에서 제19년차 새물결운동전국대회 개최, 합류식 및 광복절 기념식 개최
   바. 행진코스
   제1도정 : 자각 - 자연환경변화 연구도정(서해 간척지 중심답사) 몽산포 - 서산간척지 - 서부 - 갈산 - 수덕사 - 아산호 - 송탄 - 백암 - 이천 청년원 (총 194Km 행진)
   제2도정 : 탐구 - 자연보존지역 답사도정(전국 충청내륙 자연보존 지역) 덕유산 - 적상면 -지장산 - 논산 - 계룡산
   제3도정 : 대화 - 사진기록 및 회화도정(단양팔경 등 충주댐 수몰지역) - 탄동(승차) - 송탄(하차) - 원삼 - 이천 청년원 (총 220.5Km 행진) 영주 - 적성 - 황장산 - 단양팔경 - 충주 - 장호원 - 모가 - 이천 청년원 (총 179Km 행진)
   제4도정 : 협동 - 도예 연구도정(강원도, 경기도 도요지 답사) 두촌 - 홍천 - 팔봉산 - 단월 - 양평 - 곤지암 - 이천도요지 - 마장 - 이천 청년원 (총 111Km 행진)
   제5도정 : 실천 - 어촌, 광산촌생활 연구도정(강원도 어촌, 광산촌 답사) 동해 - 북평 - 정선 - 영월(승차) - 양동(하차) - 여주 - 부발 - 호법 - 이천 청년원 (총 196.2Km 행진)

제13회 조국순례대행진

1. 일시 : 1986. 8. 4~16.
2. 장소 : 전국 일원 (도보거리 789Km, 승차거리 926Km)
3. 참가자 : KUSA회원 300명, 초청내빈 100명 등 총 1,165명
4. 주제 : 가슴에는 조국을, 눈으로는 세계를 - '차가운 머리, 뜨거운 가슴, 힘찬 두 손'
5. 목적 : 제12회 때와 동일
6. 내용
  가. 순례행진
  나. 강의
    ㉠ 새물결운동과 조국순례대행진 - 강대근 지도교수, 최경규 지도교수, 권오균 원장, 김형진 간사 (공동강의)
    ㉡ 한국 젊은이의 멋 - 정종복 교수 (1도정 정읍에서)
    ㉢ 내가 생각하는 조국순례대행진 - 김운배 교수 (2도정 청송에서)
    ㉣ 산업사회의 득과 실 - 이범직 교수 (3도정 단양에서)
    ㉤ 양구지구 전적에 관하여 (4도정 양구에서)
  다. 현장답사 및 견학
    ㉠ 제1도정 - 지리산국립공원, 백양사, 광한루, 연곡사, 석주각 칠의사표, 피아골, 노고단, 금성산성, 입암산성, 강천사, 삼인대 등
    ㉡ 제2도정 - 영일만 칠포, 보경사, 주왕산국립공원, 고운사 등
    ㉢ 제3도정 - 부석사, 소수서원, 국망봉, 단종릉, 신륵사, 영릉, 온달굴 등
    ㉣ 제4도정 - 장수대, 옥녀탕, 소양호, 도솔산지구 전투 등
  라. 지역 봉사 및 주민과의 대화
  마. 새물결운동 전국대회 - 최종 집결지인 이천 유네스코 청년원에서 제20년차 새물결운동전국대회 개최, 합류식 및 광복절 기념식 개최
  바. 행진코스
    제1도정 : 강천 (구례 - 지리산 - 남원 - 천원 - 송탄 - 원삼 - 청년원) 186Km
    제2도정 : 태백 (포항 - 내연산 - 주왕산 - 단촌 -양평 - 청년원) 192Km
    제3도정 : 천둥 (청량산 - 부석사 - 소백산 - 영월 - 동화 - 여주 - 청년원) 205Km
    제4도정 : 도솔 (양양 - 한계령 - 인제 - 양구 - 춘천 -마장 - 청년원) 206Km

제14회 조국순례대행진

1. 일시 : 1987. 8. 5~16.
2. 장소 : 전국 일원 (도보거리 1,233Km, 승차거리 1,574Km)
3. 참가자 : 전국 70개 대학 유네스코 학생회원 1,000명, 각 대학 지도교수 20명, 인솔 및 지도자 40명, 기타 초청인사(합류식) 240명 총 1,300명
4. 주제 : 가슴에는 조국을, 눈으로는 세계를 - '끝내는 한 길에 하나가 되리'
5. 목적 : 제14회 조국순례대행진은 한국유네스코활동의 새물결운동정신을 함양하고, 실천하고, 탐구하는 젊은 지성인의 대행진이다. 이 대행진을 통하여,
 가. 체험적 조국애를 고취, 심화시키며 극기의 체험을 통하여 자아를 발견케 하며
 나. 역사의 유적지, 발전하는 조국의 현장에서의 학습을 통하여 조국과 민족의 현실상황을 정확히 인식토록 하며
 다. 역사와 사회 속에서 대학인의 소임과 사명을 다하려는 새물결운동의 정신을 이 땅에 구현한다.
6. 내용
 가. 순례행진
 나. 강의/실습
 ㉠ 조국, 대학, 새물결 - 유진 지도교수(청년원) 1도정~4도정 순회강좌
 ㉡ 조국, 대학, 새물결 - 이철위 지도교수(청년원) 5도정~7도정 순회강좌
 ·제1도정
 ㉠ 판소리의 이해 - 김용덕 교수(한양대)
 ㉡ 전통음악의 이해 - 백대응 교수(전남대)
 ㉢ 〈실습1〉 강강수월래
 ㉣ 〈실습2〉 판소리, 민요
 ·제2도정
 ㉠ 지리산을 중심으로 한 6.25 전쟁사 - 배종수 선생 (국립공원 전북지부)
 ㉡ 불교철학 - 실상사 주지스님
 ㉢ 전북문화의 특성(슬라이드상영) - 고두령 교장 (장안국교)
 ㉣ 대학인의 세계 - 이우윤 교수 (인천대)
 ·제3도정
 ㉠ 거북선과 임진왜란 - 정흥수 선생 (거북선 고증가)
 ㉡ 임진왜란과 진주성 - 김상조 선생
 ㉢ 시조의 장단, 감상, 창법 - 김동명 선생
 ㉣ 하동을 지나며... - 정찬갑 선생 (하동여고)
 ·제4도정
 ㉠ 포로수용소와 6.25 당시의 상황 - 제익근 선생 (지역주민)
 ㉡ 고성지방 전통과 문화 - 고성군 문화원
 ·제5도정

㉠ 이퇴계 사상에 대하여 - 이근필 교장 (도산국교)
　㉡ 퇴계사상의 현대적 의미 - 오석원 교수 (안동대)
　㉢ 유성룡 선생의 생애 - 유성하 선생
　㉣ 안동선비의 생활 - 김세환 교수 (안동대)
　㉤ 〈실습1〉 풍물스케치 및 탈제작
　㉥ 〈실습2〉 차전놀이
　㉦ 〈실습3〉 시조 짓기
·제6도정
　㉠ 향토문화의 이해 - 조승억 (향도사학자)
　㉡ 공연예술의 특성 - 무세중 선생
　㉢ 〈세미나1〉 문화의 특성과 이해
　㉣ 〈세미나2〉 문화운동론
·제7도정
　㉠ 나의 체험 - 성양수 선생 (노인봉 산장)
　㉡ 〈초청 Camp〉 어린이와 함께
　㉢ 〈실습〉오브제 게임
다. 현장답사 및 견학 - 스님 목바루 공장(2도정), 임하댐 내부시설 견학(5도정)
라. 지역 봉사 및 주민과의 대화
마. 축제 - 최종 합류지인 이천 유네스코 청년원에서 합류축제 개최, 합류식과 광복절 기념식 개최
바. 행진코스
　제1도정 : 강진 - 판소리 및 남도민요 연수 (강진 - 월출산 - 나주 - 장성 - 오산 - 청년원) 161Km 도보행진
　제2도정 : 천왕 - 지리산 도보 종주 (산청 - 지리산 - 진안고원 - 전주 - 송탄 - 청년원) 210.5Km 도보행진
　제3도정 : 무실 - 남해안 답사 및 시조연수 (여수 - 금산 - 남해 - 하동 - 진주 - 수원 - 청년원) 147.1Km 도보행진
　제4도정 : 금강 - 섬문화지 답사 및 합창 (거제 - 해금강 - 충무 - 고성 - 마산 - 수원 - 청년원) 188Km 도보행진
　제5도정 : 도산 - 안동문화권 답사 및 사진, 스케치 (안동 - 도산서원 - 하회마을 - 예천 - 여주 - 청년원) 172.4Km 도보행진
　제6도정 : 월악 - 단양팔경 및 마당극 (문경세재 - 월악산 - 단양팔경 - 제천 - 양평 - 청년원) 142Km 도보행진
　제7도정 : 청학 - 차령산맥 도보 종주 (경포대 - 오대산 - 평창 - 치악산 - 원주 - 장호원 - 청년원) 259Km 도보행진

제15회 조국순례대행진 (미실시)

제16회 조국순례대행진

1. 일시 : 1989. 8. 5~15.
2. 장소 : 전국일원 (도보거리 784.6Km, 승차거리 78Km)
3. 참가자 : 전국 80개 대학교 유네스코 학생회원 800명, 각 대학 지도교수 10명 인솔 및 지도자 30명, 기타 초청인사(합류식) 160명 총 1,000명
4. 주제 : 끝내는 한 길에 하나가 되리!
5. 목적 : 제 16회 조국순례대행진은 새물결운동의 정신을 이 땅에 구현하고, 조국통일의 역사를 담당할 젊은 지성인들의 민족화합과 민족통일을 위한 고뇌 어린 염원과 이를 실현하려는 의지의 대행진으로써,
  가. 조국의 통일주체로서의 체험적 조국애를 고취하고, 극기의 체험을 통하여 자아를 발견케 하며
  나. 분단조국과 민족의 현실상황을 정확히 인식하며, 민족화합에 대한 진정한 자각적 탐구와 실천적 참여의 계기를 마련하고,
  다. 민족의 역사와 현실 속에서 대학인으로서 본연의 소임과 사명을 다하려는 새물결운동 정신을 이 땅에 구현하는 데 있다.
6. 내용
  가. 순례행진
  나. 새물결강좌 : 조국, 대학, 새물결 - 강대근 지도교수 순회강좌
  다. 현장답사 및 견학 - 독립기념관, 법주사 관람 등
  라. 지역 봉사 및 주민과의 대화
  마. 합류축제 - 최종 합류지인 이천 유네스코 청년원에서 합류축제 개최, 합류식 및 광복절기념식 개최
  바. 행진코스
  제1도정 : 황산 - 충청내륙지방의 산과 평야지역 답사 (완주 - 대둔산 - 논산 - 계룡산 - 조치원 - 천안 - 안성 - 청년원) 184.2Km 행진
  제2도정 : 천황 - 내륙지방의 생활과 문화권 답사 (거창 - 덕유산 - 무주 - 영동 - 속리산 - 괴산 - 음성 - 청년원) 227Km 행진
  제3도정 : 월악 - 향토문화와 농요발굴 및 수몰지구 답사 (안동(하회마을) - 예천 - 단양 - 월악산 - 충주 - 백암 - 청년원) 159.5Km 행진
  제4도정 : 운두 - 농촌과 산촌지역의 문화권 답사 (강릉 - 오대산 - 진부 - 내면 - 홍천 - 양평 - 청년원) 213.9Km 행진

제17회 조국순례대행진

1. 일시 : 1990. 8. 6~16.
2. 장소 : 전국 일원 (도보거리 681.7Km, 승차거리 976.8Km)
3. 참가자 : 전국 80개 대학교 유네스코 학생회원 1,000명, 각 대학 지도교수 20명, 인솔 및 지도자 30명, 기타 초청인사(합류식) 250명 총 1,300명
4. 주제 : 가자, 청년이여! 민족의 함성으로
5. 내용
가. 순례행진
나. 강의 : 새물결운동과 조국순례대행진 - 강대근 청년원장, 이선재 간사(청년원)
다. 현장답사 및 견학
라. 지역 봉사 및 주민과의 대화
마. 합류축제 - 최종 집결지인 이천 유네스코 청년원에서 합류축제 개최, 합류식 및 광복절기념식 개최
바. 행진코스
제1도정 : 한라 (성산 - 서귀포 - 한라산 - 관음사 - 목포 - 송탄 - 오산 - 청년원) 161Km
제2도정 : 녹두 (해남 - 강진 - 영암 - 광주 - 대전 - 송탄 - 오산 - 백암 - 청년원) 180.1Km
제3도정 : 청산 (양산 - 청도 - 화양 - 대구 - 대전 - 수원 - 오천 - 청년원) 159 Km
제4도정 : 태백 (태백 - 태백산 - 영월 - 제천 - 박달제 - 장호원 - 매곡 - 청년원) 181.6Km
참여도정 : 대구 매천국교 (칠곡 - 상주 - 문경세재 - 충주호 - 장호원 - 청년원) 281Km

제18회 조국순례대행진 (미실시)

제19회 조국순례대행진 (미실시)

제20회 조국순례대행진

1. 일시 : 1993. 8. 5-16.
2. 장소 : 전국 일원 (도보거리 474.5Km, 승차거리 270Km)
3. 참가자 : 전국 40개 대학 유네스코 학생회원 300명, 각 대학 지도교수 25명 등 총 520명
4. 주제 : 새물결인이여! 함께 가자
5. 목적 : 도보순례와 소박한 집단 활동을 통하여
   가. 자기극복을 통해 새물결운동을 실천한다.
   나. 더불어 함께 사는 공동체를 실현하고자 한다.
   다. 조국과 역사에 대한 청년의 사명을 인식한다.
6. 내용
   가. 순례행진 - 1일 평균 20Km이상 순례행진을 한다.
   나. 강의
   ㉠ 새물결 강좌 - 이철위 지도교수(예맥도정)
   ㉡ 새물결 강좌 - 손춘석 지도교수(가야도정)
   다. 견학활동
   라. 봉사활동 및 지역주민과 함께 - 도정별로 주민초청의 밤 개최,
   마. 레크리에이션 및 대화
   바. 합류축제 - 최종 집결지인 이천 유네스코청년원에서 합류축제 개최, 합류식 및 광복절기념식
   사. 행진코스
   ㉠ 예맥도정 : (간성 - 통일전망대 - 설악산 - 원통 - 소양호 - 춘천 - 가평 - 양평 - 유네스코청년원) 237.5Km 행진
   ㉡ 가야도정 : (진주 - 산청 - 합천댐 - 해인사 - 목통령 - 김천 - 평택 - 백암 - 유네스코청년원) 237Km 행진

(출처: 유네스코한국위원회, 울산대학교 유네스코학생회)

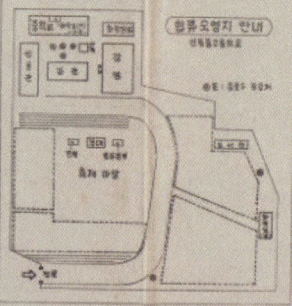

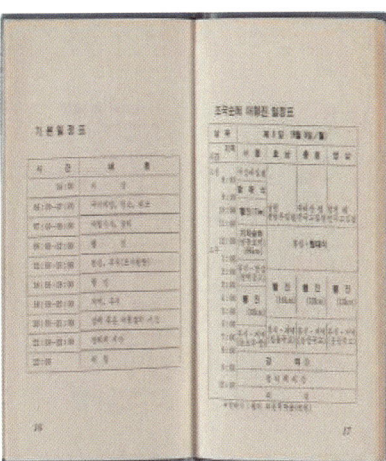

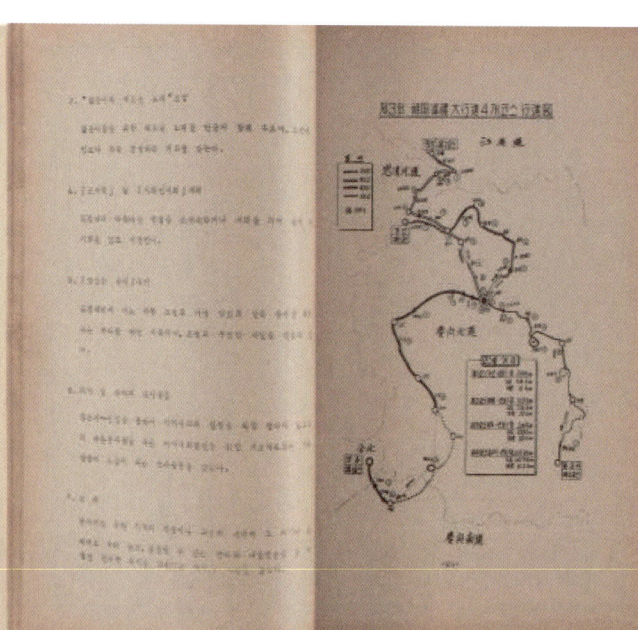

조국순례대행진가

내일을 향한 행진

작사 손준석
작곡 손준석

푸른 물 푸른 강을 - 우리가슴푸르고 -
높은 산 깊은 계곡 - 우리기상높고깊다 -
내딛는 걸음마다 - 젊-음의힘을모아 -
맺히는 땀방울에 - 조-국의얼을담자 -
누가 어느 누가 - 우리를당-하랴 -
누가 그누구가 - 우리를알-보랴 -
노래를 부-르자 - 젊음의노-래를 -
힘차게 나가자 - 내일을향하여

젊었다

젊음아

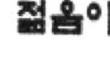

조국, 이 땅에 살으리라

1982년 여름,
어느 열흘간 우리는 태양과
흙과 땀의 결정속에서
젊은 대학인의 의지를
순례자의 뜻으로 모았읍니다.

이 빈 여백에
우리의 고뇌와 환희를 알뜰히 기록하여
훗날 1982년 여름,
어느 열흘간의 시간들 속에서

영원한 새물결 운동의 실천자임을
확인할 수 있도록 합시다.

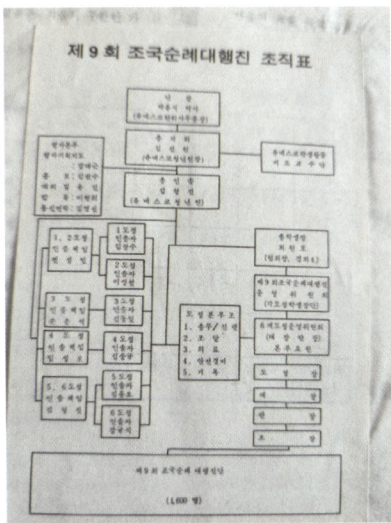

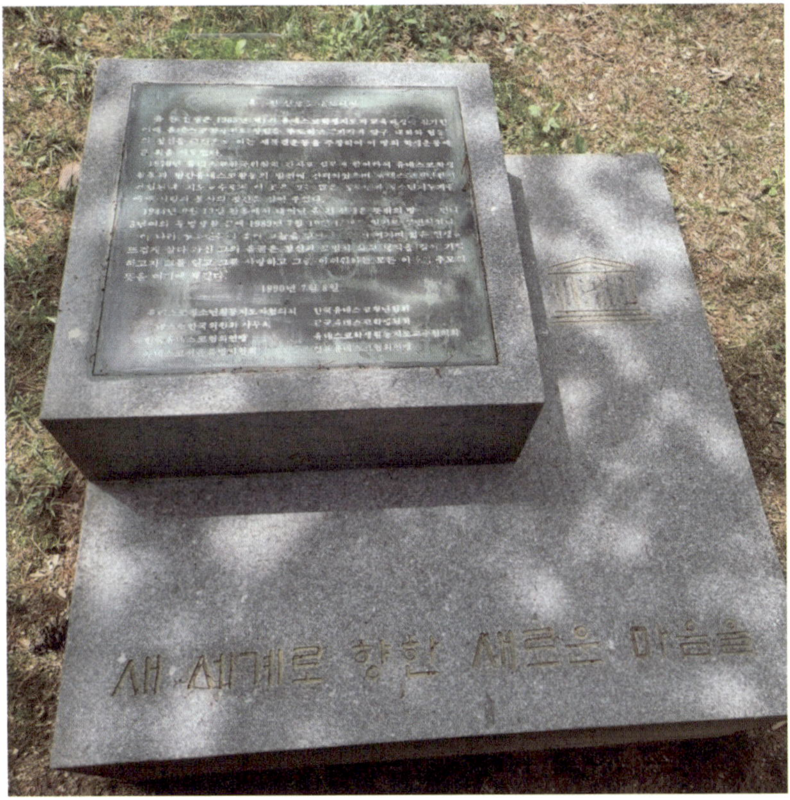

조국순례대행진 50주년 기념
"순례 이야기" 출간을 축하합니다

"사람과 자연, 행복한 양평"
"매력 양평"

물과 꽃의 정원 세미원,
천년의 역사와 문화가 숨 쉬는 맑은 물과
수려한 산이 잘 어우러진 머물고 싶은 곳 양평입니다.

" 마음의 벽을 허물고 흩어진 힘을 하나로"

조국순례대행진 50주년 기념
"순례이야기"출간을 축하합니다

양평군수   전 진 선 (17동국, 6회 참가)

조국순례대행진 50주년 기념
"순례 이야기" 출간을 축하합니다

농업회사법인(주) 예삐원예(www.yeppi.com)은
시간과 공간의 제약을 뛰어 넘어
최고의 상품 최고의 서비스로
당신의 소중한 마음을
정성껏 전달해드리겠습니다.

농업회사법인
(주)예삐원예(www.yeppi.com)

대표이사 김 진 국 (20강원)
전화 02-393-0700
팩스 02-393-3854

조국순례대행진 50주년 기념
"순례 이야기" 출간을 축하합니다

잣, 호두, 곶감, 견과류 전문회사
www.nutory.co.kr

대표이사 | 홍 성 철
(24 단국)

농업회사법인 샘골잣집 주식회사
본사 및 공장 : 강원도 홍천군 남면 시동리 749
T 033-435-7715 F 033-433-6789 C 010-5213-6810
E. cs62hsc@hanmail.net

홍성철 (24단국)

위드유 법무사 사무소

대표법무사   김 병 수
(KUSA 25, 강원 16)

서울 서초구 법원로2길 7-4, 동용빌딩 3층 306호
(교대역 10번 출구)
T. 02-595-5500   F. 02-595-5512
M. 010-5473-4084   E. kbs114sm@naver.com

김병수 (25강원)

 정도환경산업(주)
- 기연에코 영천공장 -

대표 이 기 훈
010-3052-7170
E. new2325@hanmail.net

본사 | 대구 달성군 화원읍 비슬로523길 3-29
T. 053-637-2533 F. 053-637-2534
공장 | 경북 영천시 대창면 강희2길 108
T. 054-336-5060 F. 054-336-5062

이기훈 (25영남)

조국순례대행진 50주년 기념
"순례 이야기" 출간을 축하합니다

"새물결인이여 함께 가자" - 김원철(6동국)

"Pilgrmage is love a grand march of love!" - 김태균(10단국)

"우리 조국의 힘찬 미래를
기원하는 힘찬 발걸음은 영원하리!" - 장원숙(11성심)

"대한민국 번영의 시대를 연 조국순례대행진에
참여한 모든 쿠사인의 영광이어라" - 정돈영(12건국)

"젊음은 행진한다. 영원히 사랑해야 할 이 조국의 땅을!" - 최창락(12성균관)

"눈으로는 세계를 가슴에는 조국을" 一日一生 生修不二
- 윤정배(14서울), 이성철(14동국), 백소민(14서울여대), 박숙희(14세종), 남상두(14숭실), 김영인(14충남), 이재복(14서울), 김동일(14아주), 김송희(14동덕여대), 이영주(14중앙), 윤행숙(14상명), 노평희(14덕성여대), 김남구(14고려), 장계숙(14청주여사대), 이병우(14성균관), 장경희(14숙명), 박재열(14성균관), 박경빈(14홍익)

"마음의 벽을 허물고 흩어진 힘을 하나로" - 김송규(15단국)

"조국순례대행진은 신구차적(伸救箚的) 리더십" - 박권욱(17대구)

"젊음, 조국 너를 세울지라" - 백경연(17영남)

"간다 간다, 우리는 간다! 뜨거운 산하, 조국을 간다!" - 이숙원(18원광)

조국순례대행진 50주년 기념
"순례 이야기" 출간을 축하합니다

"새물결 100년을 향한 뜨거운 발걸음, 쿠사여 영원하라!"
– 이기호(19전남)

"젊음, 조국 너를 세울지라" – 강병희(21단국)

"너와 나, 우리 모두의 끝없는 함성" – 이승희(21숙명)

"내딛는 걸음마다 굽이치는 새물결" – 황인자(21순천향)

"마음의 벽을 허물고 흩어진 힘을 하나로" – 박종숙(22한남)

"젊음의 순례는 새물결의 바람이어라" – 전차익(22동국)

"가슴에는 조국을 눈으로는 세계를"
– 김성식(23강원), 김태익(23울산), 류성봉(23대구), 서경덕(23동국), 이영희(23울산), 정지윤(23경상), 천정은(23경상)

"KUSA는 잠재적 가능성이다" – 최윤정(25영남)

"눈으로는 세계를 가슴에는 조국을" – 박준환(30강원)

"나가자 손을 잡고 끝없는 행진" – 김태수(31강릉)

"청춘의 열정으로 함께하는 우리의 젊음 태양보다 뜨거우리라"
– 김창우(46강원)

조국순례대행진 50주년, 순례 이야기

초판 1쇄 발행 2024년 8월 15일

지은이　유네스코학생회(KUSA) 총동문회
펴낸곳　끝과시작
펴낸이　박은정
전자우편　typistpress22@gmail.com
출판등록　제2024-000077호

ⓒ 유네스코학생회(KUSA) 총동문회, 2024

ISBN 979-11-986371-8-5

이 도서는 저작권법에 따라 보호받는 저작물이므로 저작권자와 출판사의 허락 없이 복제하거나 다른 용도로 사용할 수 없습니다.

값 12,000원

백경연 (17기)